HANS PFAHLMANN

Die Industrielle Revolution

PLOETZ
Arbeitsmaterialien Schule

Gemeinschaftskunde · Geschichte
Sozialkunde · Erdkunde

P. Wöhrling

Die Industrielle Revolution

Soziale Probleme der Industriegesellschaft

von

HANS PFAHLMANN

DRITTE AUFLAGE

Verlag PLOETZ KG Würzburg

Gesamtherstellung: Hans Richarz, Publikations-Service,
Sankt Augustin
Entwurf des Umschlags Reinhard Klein
ISBN 3–87640–104–6

INHALT

EINFÜHRUNG

1. Die Industrielle Revolution als weltgeschichtliche Zäsur

Die Industrielle Revolution brachte eine mit der vorhergehenden Entwicklung nicht vergleichbare Wandlung von Wirtschaft und Gesellschaft. Auf englischem Boden hat sich im 18. Jahrhundert der weltgeschichtliche Vorgang vollzogen; von da nahm die wirtschaftlich-technische Kultur des 19. Jahrhunderts ihren Ausgang (**2**). Er bewirkte einen Bruch im geschichtlichen Ablauf. Die grundlegende Kontinuität der vorindustriellen Welt wurde zwischen 1750 und 1850 unterbrochen (**1**). Keine andere Zeit in der gesamten Menschheitsgeschichte hat in so einseitiger Weise an die Kräfte des Menschen appelliert und sie zur Entfaltung gebracht, – zum Guten wie zum Bösen (**2**). An die Stelle des Holzes und der Muskelkraft traten Eisen und Kohle als die neuen Stoffe und Kräfte. „Das überhandnehmende Maschinenwesen wälzt sich heran wie ein Gewitter, langsam, langsam; aber es hat seine Richtung genommen, es wird kommen und treffen" (Goethe).

2. Der Übergang von der Agrar- zur Industriegesellschaft

Das Bürgertum hat mit den Mitteln der geschichtlichen Wissenschaften das staatliche Leben von Grund auf umgebildet, indem es den Rechtsstaat aufbaute, und es hat mit den Mitteln der Naturwissenschaften alle äußeren Voraussetzungen des menschlichen Daseins in ungeheuerer Weise revolutioniert, als es das Wunderwerk der modernen Technik errichtete: Konstitution und Maschine hießen seine beiden Lebenszwecke. Sie haben sich aufs engste ergänzt und bedingt: die Anfänge der modernen Technik waren nur möglich bei Rechtssicherheit und bei Freigabe der persönlichen Initiative . . . (F. Schnabel).

Die neue geistige Haltung hieß Liberalismus, auch im wirtschaftlichen Bereich. *Adam Smith* hat durch seinen „Laissez-faire-Liberalismus" an dem durch die Industrielle Revolution geförderten Reichtum entscheidend mitgewirkt. Er hat zum ersten Mal die Nationalökonomie als Wissenschaft etabliert und die Grundlagen für die liberale kapitalistische Wirtschaftsordnung unter Ausschluß der Staatsintervention geschaffen. Sein Hauptwerk „Der Reichtum der Nationen" (Inquiry into the Nature and Causes of the Wealth of nations)

Die in Klammern stehenden fettgedruckten Ziffern verweisen auf die Texte im Quellenteil.

(**3**), veröffentlicht 1776, wurde die „Bibel“ der freien Wirtschaftsordnung, so wie hundert Jahre später das „Kapital“ von *Karl Marx* die „Bibel“ des Kommunismus wurde. Smith schwebte ein System von Gesetz und Ordnung vor, innerhalb dessen die individuelle Initiative funktionieren kann. In den Marktkräften hat Smith einen wirksamen Regulator für das Wirtschaften gesehen, er war daher gegen eine direkte Kontrolle der individuellen Betätigung. Wie Smith suchte auch *David Ricardo* (**4**) die Ursachen des Reichtums der Nationen vor allem in der Arbeit, doch wollte er auch den Wert und die Rolle von Grund und Boden neben Arbeit und Kapital beachtet wissen. Was die Lohntheorie angeht, so muß man ihm eine isolierte Betrachtung anlasten. Ricardo hat insofern die Datengrenze überschritten, als Wachstum und Schrumpfung der Bevölkerung von so vielen natürlichen, politischen, geistigen und seelischen Tatsachen abhängen, daß ein notwendiger Bedingungszusammenhang zwischen Höhe der Löhne und Größe der Arbeiterbevölkerung nicht besteht. Ricardo, auf den später manche der Sozialisten, u.a. *Ferdinand Lassalle,* zurückgriffen (**5**), fand in der folgenden Wirtschaftsentwicklung mit seinen Auffassungen meist keine Bestätigung.

Die Ausbreitung der modernen Industrie wurde erst nach den vielen Erfindungen in den letzten Jahrzehnten des 18. Jahrhunderts möglich. Nicht Ingenieure und Techniker, sondern meist technisch interessierte Laien erfanden arbeitssparende und arbeitserleichternde Maschinen (**7**). Keine der abertausend Entdeckungen hätte annähernd die gleiche Bedeutung für die Praxis, die ihr zukommt, wenn sie nicht von allen übrigen Erfindungen und Entdeckungen begleitet gewesen wäre (**6**). Für Goethe ist es eine „Synthese von Welt und Geist, welche von der ewigen Harmonie des Daseins die seligste Versicherung gibt“.

Das ganze Erwerbsleben ist durch die Dampfmaschine von Grund auf umgestaltet worden (**8**). Diese Tatsache stellt ihre Erfindung ebenbürtig neben die des Buchdruckes. Macht dieser den Geist frei, so befreit jene den Leib von der schweren physischen Arbeit. Die Dampfmaschine als Betriebsmaschine verbreitete sich in England sehr schnell in der Baumwollspinnerei. Denn jetzt erst erhielt diese Industrie eine Antriebsmaschine, deren Leistungsfähigkeit genügte, um die Arbeitsmöglichkeit der neuen Spinnmaschinen auch ausnutzen zu können. 1788 gab es in England bereits 142 Fabriken für Textilindustrie.

3. Das Bevölkerungswachstum als Teilursache und Folge der Industriellen Revolution

Von besonderer Dynamik war das ständige Wachstum der Bevölkerung. Im Jahre 1870 betrug die Zahl der Bewohner des Deutschen Reiches etwa 41 Millionen, 1914 waren es rund 67 Millionen (im Vergleich zu 40 Millionen in Frankreich und 45 Millionen in Großbritannien). Schon seit den 80er Jahren gingen die Geburtenzahlen relativ zurück; dies wurde aber durch den noch größeren Rückgang der Sterbeziffern mehr als ausgeglichen (H. Bechtel).

Die Auswanderung aus England sank, wie Hobson feststellt, seit 1884: sie betrug in jenem Jahre 242 000 und 169 000 im Jahre 1900. Die Auswanderung aus Deutschland erreichte ihren Höhepunkt im Jahrzehnt 1881 bis 1890, nämlich 1 453 000, und sank in den zwei folgenden Jahrzehnten auf 544 000 bzw. 341 000. Auch aus diesen Zahlen ergibt sich, daß die Umwandlung zu einem Industrievolk in Deutschland erst in den 90er Jahren so ausgeprägt war, daß der Bevölkerungsüberschuß in der heimischen Wirtschaft Beschäftigung fand. Im allgemeinen finden wir nur noch ganz selten die aus den 40er Jahren so bekannte Haltung, daß die Auswanderung ein Vorteil für das Land sei, da sie die Zahl der Armen vermindere (**12**).

Der Bevölkerungszuwachs kam auch in Deutschland vorwiegend den Städten zugute, so daß neben dem Bevölkerungszuwachs ein Verstädterungsprozeß steht (F.W. Henning). Um das Jahr 1800 wohnten in Deutschland noch etwa 90 % der Bevölkerung auf dem Lande oder in kleinen Orten von unter 5 000 Einwohnern. Die Stadtbevölkerung betrug 1871 etwa 36 %, 1910 dagegen 60 %, wobei als Stadtbevölkerung alles gezählt wurde, was in Städten über 2000 Einwohnern lebte. An Großstädten mit mehr als 100 000 Einwohnern gab es 1871 in Deutschland 8, 1900 bereits 33 und 1910 sogar 48, in denen fast 14 Millionen Menschen lebten.

4. Die einzelnen Phasen des wirtschaftlichen Verlaufs der Industrialisierung

a) Von der Manufaktur zur Fabrik

Auf dem Boden der wirtschaftlichen Freiheit vollzog sich der Umschwung zur Maschine, zur Betriebsform der Fabrik. Der Erfindungsgeist allein genügte dafür nicht. Erst der neue Wirtschaftsgeist bildete unter der Wirtschaftsfreiheit den Automaten zur rationalen Maschine um und baute durch zweckmäßige Erfindungen das Fabrikwesen auf (**13**). Betriebstechnisch gesehen, kann der Manufakturbetrieb als Ausgangsform der neuzeitlichen Fabrik gelten. Je nach der technischen Zwecksetzung der Gütererzeugung war der Manufakturbetrieb in verschiedener Weise organisiert:

1. auf Steigerung der Produktion ausgerichtet, damit die Leistung des einzelnen Arbeiters durch Arbeitsteilung vereinfachend – hierher gehört das Musterbeispiel von der Nadelfabrik, das durch Smith's Darstellung aus der Mitte des 18. Jahrhunderts berühmt geworden ist (**14**).
2. als Manufakturbetrieb zur Veredelung, wozu eine Spezialisierung der Erzeugungsstufen benötigt wird, z.B. für Porzellan, Möbel;
3. zur Kraft- und Materialeinsparung, ermöglicht durch Einführung der Maschine, als leitender produktionstechnischer Gesichtspunkt.

Wenn nämlich die Arbeitsteilung fortschreitet und damit die Werkzeuge, die ein Arbeiter benutzt, immer einfacher und spezieller werden, dann wird ein Punkt erreicht, wo das Werkzeug stets die gleiche Bewegung zu machen hat. Die Handgriffe des Arbeiters werden dabei so einförmig, daß es besser und billiger ist, mechanische Kraft einzuspannen. So benutzte man zuerst als mechanische Kraft Tiere, Wind und Wasser, später Dampf, schließlich Elektrizität. Das ist der technische Ausgangspunkt für die moderne Fabrik.

b) Das Herausbilden von Schwerpunktsbereichen

Die Industrielle Revolution ist ein Prozeß der Industrialisierung, d.h. der Verschiebung der Gewichte zwischen den verschiedenen Wirtschaftssektoren, insbesondere zugunsten der Industrie. Während der Anteil der Industrie und des Handwerks an der Wertschöpfung aller Bereiche zwischen 1850 und 1913 von rund 20% auf 40% gestiegen ist, hat sich der Anteil dieses Sektors an der Beschäftigung nur von rund 25% auf rund 35 % erhöht. Die Zahl der in der Industrie und im Handwerk Beschäftigten ist erst um 1913 so groß geworden wie die Zahl der in der Landwirtschaft Tätigen (F.W. Henning). Gemessen am Umfang der Wertschöpfung hat aber das produzierende Gewerbe die Landwirtschaft schon um 1890 an Bedeutung übertroffen.

In der Landwirtschaft hat sich die Beschäftigung vor allem in den 60er Jahren und nach 1900 noch etwas erhöht, und die Wertschöpfung ist sogar stärker gestiegen (von 0,4 % bis 1,6 %), aber beide Expansionsbewegungen waren doch im Vergleich zu denen in anderen Sektoren relativ schwach. Industrie und Handwerk konnten demgegenüber die Zahl der Beschäftigten etwa verdreifachen und die Wertschöpfung etwa verzehnfachen. So erklärt sich die bedeutende Strukturveränderung zu ihren Gunsten. Aber Industrie und Gewerbe führten die Bewegung keineswegs an. Der Bergbau hat die Zahl der Beschäftigten mehr als verachtfacht, und die Wertschöpfung stieg hier auf mehr als das Zwanzigfache. Und noch schneller wuchsen Beschäftigung und Produktion im Verkehrswesen.

Der Strukturwandel der Beschäftigung, der Produktion und der Produktivität in Deutschland ist in den einzelnen Jahrzehnten nicht völlig gleichmäßig verlaufen, aber die Trends schlagen doch so stark durch, daß an dieser Stelle nur auf einige auffälligere Abweichungen hinzuweisen ist. Die Beschäftigungsrelation von Industrie und Handwerk einerseits und von Landwirtschaft andererseits verändert sich besonders stark seit den 80er Jahren. Demgegenüber sind die größten Veränderungen ihrer Produktionsanteile in den Jahren 1860 bis 1874 zu beobachten, als die Landwirtschaft sich relativ wenig ausdehnte. Durch die Gründerkrise war diese Veränderung der Produktionsanteile der beiden großen Wirtschaftsbereiche wegen des gebremsten Wachstums im Gewerbe auf etwa ein Jahrzehnt unterbrochen und setzte sich erst in den 80er Jahren wieder fort.

c) Der Initiator Unternehmer

Als wichtige Trieb- und Gestaltungskraft des Industrialisierungsprozesses wurde das Unternehmerpotential eines Landes angesehen. J. Schumpeter spricht vom Unternehmer als dem „Agens der wirtschaftlichen Entwicklung" (**18**) ff. Andererseits waren Watts Erfindergeist, das Kapital von Roebuck und Boulton sowie dessen unternehmerischer Beitrag gleichermaßen notwendig, und kein Teil war für sich selbst ausreichend, um *James Watts* Grundidee voll und rechtzeitig auszuschöpfen. Auf den ersten Blick ist es schwierig, allgemeingültige Aussagen über die soziale Herkunft der Unternehmer der damaligen Zeit zu machen. Sie kamen aus allen Schichten der Gesellschaft und allen Regionen des Landes. Sie bildeten keine Klasse, sondern einen Typus (**19, 20**).

Die Unternehmer sind vor allem als Organisatoren bekannt geworden. Pionierarbeit bei der Einführung neuer Verfahrensweisen leisteten nur wenige, Erfinder gab es selten unter ihnen. Nur in einigen Industriezweigen benötigten sie spezielle Fachkenntnisse (z.B. in der chemischen Industrie, der Eisenindustrie); immer aber mußten sie ausreichend informiert sein, um Neuerungen kommerziell nutzen und um Entscheidungen treffen zu können. Zur Entwicklung der Massenproduktion bedurfte es vieler Talente.

d) Der Produktionsfaktor Kapital

Wirtschaftstheorie wie Wirtschaftspraxis betonten die entscheidende Wichtigkeit der Akkumulation von Kapital durch die Unternehmer. Profite waren das, was die Wirtschaft in Gang hielt und Reproduktion ermöglichten; deshalb mußten sie unter allen Umständen vergrößert werden (**22**). Diese Ansicht beruhte auf zwei Annahmen: daß industrieller Fortschritt große Investitionen erfordere und daß die vorhandenen Rücklagen dafür nur ausreichen, wenn die Einkünfte der lohnabhängigen Massen niedrig blieben. Ersteres galt fast nur auf lange Sicht. In ihren Anfangsstadien (etwa 1780 bis 1840) war die Industrialisierung begrenzt und relativ billig. Die gesamte Kapitalbildung hat sich im frühen 19. Jahrhundert wahrscheinlich auf nicht mehr als 7 % des Volkseinkommens belaufen. Die Bruttokapitalbildung in Großbritannien überschritt die 10 %-Schwelle erst in den 30er und 40er Jahren, als das Zeitalter der billigen, auf Produkten wie Textilien aufgebauten Industrialisierung dem Zeitalter der Eisenbahnen, der Kohle, des Eisens und Stahls Platz machte.

Um die Jahrhundertmitte veränderte sich die Szene in wenigen Jahren vollständig. Banken betrieben neben der Finanzierung von Industrie- und Eisenbahnunternehmungen auch andere, größere Sicherheit bietende Geschäfte, wie die Emission von Staatsanleihen. Auch suchten sie die „regulären“ Bankgeschäfte zu erweitern, wie das Lombardgeschäft, den Wechseldiskont, den Kontokorrentverkehr. Durch die Entwicklung dieser Operationen, wie auch durch die Finanzierung, insbesondere von Eisenbahnbauunternehmungen haben sie die Volkswirtschaft bedeutend gefördert. Der Ausbau des Eisenbahnnetzes in allen europäischen Staaten ist vornehmlich durch Banken ins Werk gesetzt worden. Während noch viele zeitgenössische Publizisten, wie Karl Grün, gegen Spekulation und „Vergötterung der Aktie“ als „Krankheit des Jahrhunderts“ und „Schwindsucht der Persönlichkeit“ opponierten und Sparsamkeit und Intelligenz als die wahren Hebel der Industrie hinstellten, beteiligten sich schon während der 50er Jahre bürgerliche Bevölkerungskreise an Aktienemissionen und Effektenspekulation. Zwischen 1853 und 1857 wurden allein in Preußen Eisenbahnaktiengesellschaften mit einem Gesamtkapital von 420 Millionen Mark gegründet. Das entsprach etwa dem 5. Teil des Kapitals aller zwischen 1851 und 1870 gegründeten Aktiengesellschaften.

Der Wirtschaftsblüte von 1871 bis 1873 folgte eine schwere Krise mit langandauernder Depression, die erst nach 1879 überwunden wurde. Je mehr Deutschland industrialisiert wurde, desto stärker bekam es auch die Schwankungen des Konjunkturzyklus zu spüren. Um die damit verbundene Unsicherheit für den Unternehmer weitgehend zu beseitigen, entstanden in den 70er Jahren die ersten Kartelle (**23**). Die Durchschlagskraft der Kartellbewegung in der deutschen Industrie kann eigentlich nur als natürliche Folge der Konzentration im Bankwesen voll erklärt werden. Durch Zusammenschlüsse entstanden Großbanken, die miteinander in Konkurrenz stehende Unternehmen kontrollierten (**26**). Durch die zentrale Kontrolle, die sie ausübten, hatten die Banken den Überblick, gewinnbringende Gelegenheiten zur Kartellbildung und Verschmelzung industrieller Unternehmen jederzeit rasch erkennen zu können. Infolgedessen nahm die durchschnittliche Betriebsgröße ständig zu. Zugleich konzentrierten sich Interesse und Unterstützung der Banken mehr denn je auf Zweige der Industrie, die für Kartellbildungen besonders anfällig schienen (**25, 27**).

e) Die Entwicklung des Verkehrswesens

Der Fortschritt im Verkehrswesen stand in enger Wechselwirkung mit dem allgemeinen Aufschwung von Technik und Industrie. J. Watts wirtschaftliche Dampfmaschine bewährte sich als Antriebsmittel für Schiffe und Lokomotiven. Dies wiederum förderte den Ausbau und die Anlage von Wasserstraßen und Eisenbahnnetzen. Mit glühender Begeisterung trat *Friedrich List* in Wort und Schrift für den Eisenbahnbau ein. List hatte gegen viele Vorurteile anzukämpfen. Die Regierungen der Kleinstaaten fürchteten, daß sich ihre Einnahmen aus Wegegeldern vermindern würden, wenn die Eisenbahn die Postkutsche verdrängen sollte. Die Fürsten sahen ihre Selbständigkeit gefährdet, falls die Eisenbahn ohne Rücksicht auf die Staatsgrenzen durch die einzelnen Länder hindurchführte.

1840 verfügte Deutschland über 7 % des Welteisenbahnnetzes, 1850 waren es 16 %. Innerhalb von nicht einem Jahrzehnt verfünffachte sich der Eisenbedarf der Eisenbahn. Er brachte gewaltige Veränderungen in der Form der Kapitalakkumulation und Kapitalkonzentration als Voraussetzung und Folge seiner Entwicklung. Als in den 60er Jahren die privaten Eisenbahngesellschaften verschuldeten, übernahm in Preußen der Staat das fertige Eisenbahnnetz. 1910 waren nur noch etwa 6 % der deutschen Bahnen in Privatbesitz.

Auf die Eisenbahn folgte das Dampfschiff, dessen Bedeutung für die Entwicklung des Welthandels und die Entstehung des Weltmarktes nicht minder hoch anzuschlagen ist (**28, 29, 30**).

f) Die Krisenanfälligkeit des neuen Wirtschaftssystems

Zu den charakteristischen Erscheinungen innerhalb der kapitalistischen Wirtschaft des 19. Jahrhunderts gehören die Krisen. Bis in das 19. Jahrhundert hinein hatte es keine wirtschaftseigenen Krisen gegeben, sondern nur solche, die aus anderen Ursachenkomplexen hervorgegangen und daher gewöhnlich auf verhältnismäßig kleine Teile der Erde beschränkt geblieben waren: meistens aus Kriegen, aber auch aus den Bevölkerungsverlusten durch Epidemien und aus der Entdeckung Amerikas. Noch die Krise von 1810 hatte auf Napoleons politischer Vorstellung von der Wirtschaft beruht und die Kontinentalsperre nicht überschritten. Nach 1815 aber gab es Krisen, die aus der Wirtschaft selber erwuchsen – z.B. aus Überproduktion –, und seit 1857 Weltwirtschaftskrisen als solche, die kein in die Weltwirtschaft einbezogenes Land unberührt ließen. Die Wirtschaft konnte somit neuerdings zum Schicksal, und sie konnte es für sehr viele Menschen gleichzeitig werden (**31**).

Im Gegensatz zur klassischen Nationalökonomie erkannten zuerst *Thomas Robert Malthus* und *Jean Charles Leonhard Sismonde de Sismondi* die Möglichkeit einer allgemeinen Überproduktion und Absatzkrise an; der erstere suchte den Grund im Übersparen der Reichen, der letztere im Unterverbrauch der Arbeiter. Marx entwickelte in seinem „Kapital" die Herleitung periodischer Krisen aus dem Wachstum der kapitalistischen Wirtschaft einerseits und der begrenzten Aufnahmefähigkeit des Marktes andererseits; er sah deshalb eine dauernde Abfolge von Expansion und Krise als gesetzmäßig an, solange keine sozialistische Gesellschaft bestand (Lehre vom Rhythmus der Wirtschaft).

g) Die Rolle des Staates

Die staatliche Bevormundung des Bürgers, wie sie der Absolutismus entwickelt hatte, reichte noch weit ins 19. Jahrhundert hinein und überdeckte die ganze Anfangsphase der Industrialisierung. W. Fischer unterscheidet zwischen den verschiedenen Funktionen des Staates als Gesetzgeber, Administrator, als Unternehmer und als Konsument wie als Investor (**32**).

Für das Verständnis der gesellschaftlichen und wirtschaftlichen Entwicklung Deutschlands im 19. Jahrhundert ist nicht so sehr das Jahr 1871 wichtig als vielmehr der Trendumbruch der Wirtschaftspolitik in den Jahren 1876 bis 1884. Preußen war seit 1818 im großen und ganzen handelspolitisch liberal eingestellt. Diese Liberalität hatte ihre Stütze in dem an der Wirtschaftsprosperität partizipierenden Bürgertum. In den 70er Jahren führten zwei Ereignisse zu einem radikalen Wechsel der Anschauungen: 1. die Gründerkrise; 2. die nunmehr auch auf den deutschen Märkten fühlbare Konkurrenz der überseeischen Getreide und Wollerzeuger. *Otto von Bismarck* ließ die bisherigen liberalen Kräfte fallen. Er sprach sich für die vielfach geforderten agrarischen Schutzzölle und – um das Einverständnis der Industrie für diese Maßnahme zu sichern – auch für Industriezölle aus.

5. Der Mensch im Mittelpunkt der Auseinandersetzung um die „Soziale Frage“

a) Die Ursachen des Entstehens der „Sozialen Frage“

Die Bauernbefreiung brachte die Aufhebung und Abschaffung der Abhängigkeitsverhältnisse, denen die bäuerliche Bevölkerung durch das den größten Teil der ländlichen Bereiche erfassende Feudalsystem unterworfen war und auf Grund deren von den Bauern Leistungen unterschiedlicher Art und Höhe gefordert werden konnten und wurden (**35**).

Die Gewerbefreiheit brachte eine Zunahme der Klein- und Altmeister und damit eine Überbesetzung des Handwerkerberufes. Vergeblich suchten sich Handwerker und Heimarbeiter gegen die Fabriken und gegen die Konkurrenz der Maschine zu wehren (**38**). Die erbitterten Weber z.B., die nun brotlos wurden, rotteten sich zusammen und zerschlugen die Maschinen, denen sie die Schuld an ihrem Elend gaben (**39**). Die abgesunkenen oder ruinierten Handwerker mußten Frauen und Kinder in die Fabriken schicken, weil ihr eigener Lohn nicht zur Deckung des Familienunterhaltes ausreichte und die Mithilfe im väterlichen Betrieb nicht mehr in Frage kam. Auf der anderen Seite wurde das Lohnniveau durch die hereinströmenden Bauern und Bauernkinder und durch die erzwungene Erwerbsarbeit der Frauen und Kinder gedrückt. So entstand ein circulus vitiosus, der nur sehr schwer zu durchbrechen war und in dessen Gefolge es zu einem sozialen Notstand kam, der mit Recht als drängende „Soziale Frage“ empfunden wurde.

In diesen Jahren nahm die Bevölkerungszahl so stark zu, daß man von einer Bevölkerungsexplosion sprechen kann.

b) Das Proletariat

Als sich infolge der starken Industrialisierung und der Überbevölkerung die Lage der Arbeiterklasse immer mehr verschlechterte, Elend und Armut Platz griffen, war man leicht geneigt, diese schlechten Verhältnisse als Auswirkungen einer der individualistischen Wirtschaftstheorie entspringenden liberalen Wirtschaftspolitik anzusehen (**41**). Es entstand die Forderung nach Verbesserung der schlechten Lage durch Eingriffe des Staates (**45**). Man verlangte Untersuchung der Verhältnisse, der Organisationen, der Ursachen der schlechten Lage, um dem Gesetzgeber die Möglichkeit entsprechender Eingriffe zu geben. Marx und *Friedrich Engels* schreckten das Bürgertum mit der Prophezeiung, daß es in seinem eigenen Schoß diejenige Kraft heranwachsen läßt, von der es erbarmungslos vernichtet werden wird. „Die Lebensbedingungen der alten Gesellschaft sind schon vernichtet in den Lebensbedingungen des Proletariats. Der Proletarier ist eigentumslos; die moderne industrielle Arbeit, die moderne Unterjochung unter das Kapital, dieselbe in England wie in Frankreich, in Amerika wie in Deutschland, hat ihm allen nationalen Charakter abgestreift“ (Marx).

c) Der Wandel der Arbeitsbedingungen

Die Auswirkungen des neuen Systems hatten zunächst verhängnisvolle Folgen. Der sich immer mehr ausdehnende Fabrikbetrieb machte den patriarchalischen Verhältnissen, die bisher zwischen Arbeitgebern und Arbeitnehmern geherrscht hatten, ein Ende. Die Industriearbeit und besonders die mechanisierte Fabrikarbeit bedeutete Regelmäßigkeit, Routine und Eintönigkeit, die völlig verschieden von den vorindustriellen Arbeitsrhythmen waren (**46**). Da die Menschen nicht spontan an diesen neuen Bräuchen Gefallen fanden, wurden sie gezwungen – durch Arbeitsdisziplin und Geldstrafen. Grundlage der innerbetrieblichen Regelung war die jeweilige Fabrikordnung. Sie ist eine Hausordnung, die der Eigentümer allein nach seinem Willen erläßt, und der sich jeder zu fügen hat, solange er als Glied dem Hause angehört.

Die Industriearbeiter, Männer, Frauen und Kinder, mußten zunächst täglich 12–16 Stunden arbeiten. Die Maschine gewährte ihnen aber auch nicht den erwarteten Lohn. Der Unternehmer dachte zumeist nur in Produktionszahlen; denn die Konkurrenz war groß und hart, er betrachtete nur das Verhältnis zwischen Arbeitsleistung und Lohn und das Gesetz von Angebot und Nachfrage und wandte dieses Gesetz nicht nur auf die Waren, sondern auch auf die Menschen an. Der Arbeiter und seine Arbeitskraft wurden zu einer Ware. Er befand sich dem kapitalkräftigen Unternehmer gegenüber in einer so schwachen Stellung, daß er auch ungünstige Arbeitsbedingungen annehmen mußte, nur um leben zu können. Ablehnung bedeutete Arbeitslosigkeit, Hunger und Elend.

Was im 18. Jahrhundert noch als Schicksal hingenommen wurde, erschien jetzt angesichts einer ganz anderen Haltung gegenüber dem Menschen und seiner Würde als problematisch; damit eben wurde es zur „Frage“. Bereits zu Anfang des 19. Jahrhunderts erkannte man, wie verhängnisvoll eine Degradierung, d.h. der Verlust der Würde in den eigenen Augen und den Augen anderer, war.

Sir Richard Arkwrights Spinnmaschine wurde aus einem Grunde erfunden, der uns heute sehr sonderbar erscheint. Sie sollte die schottischen Kinder von den Straßen der überbevölkerten Städte fernhalten. Bei Arkwrights Erfindung waren die Handgriffe so einfach, daß sie schon kleine Kinder erlernen konnten. So war es möglich, diese in den Spinnereien zu verwenden. Seine scheinbare Humanität brachte also den Beginn der Kinderarbeit in größerem Ausmaße. Ein Jahrhundert hat die Nachwelt gebraucht, ihre Schäden zu beseitigen.

Für die Arbeiter besonders erniedrigend war das sog. Trucksystem in der Entlohnung: Die Arbeiter mußten danach entweder Waren, die sie brauchten, vom Unternehmer zu überhöhten Preisen kaufen oder erhielten ihren Lohn überhaupt nur in Warenform, oder aber sie bekamen Waren, die sie nicht gebrauchen konnten, die die Unternehmer zu niedrigen Preisen zurückkauften, um dann den Arbeitern die lebensnotwendigen Waren zu überhöhten Preisen zu verkaufen (**56**).

d) Die Auswirkungen des Fabriksystems auf das „häusliche Milieu"

Der Landbewohner verließ die dörfliche Gemeinschaft, wo das Leben seit Jahrhunderten in den gleichen Bahnen verlief, und fand sich wieder in den öden Arbeitersiedlungen der aufquellenden Industriestädte. Breite Massen wanderten in Deutschland besonders seit der Mitte des Jahrhunderts vom Lande ab in die Städte und Industriegebiete. Zu den Folgen gehörte, daß die Wohnungen knapp wurden, die Mieten und Lebensmittelpreise anstiegen. Die Preise für diese Wohnungen waren hoch im Vergleich zu ihrem Werte wie zum Einkommen der meisten Arbeiter. Das Traurige an dem ganzen Wohnungswesen lag aber besonders in dem Mißverhältnis zwischen der Enge der Räume und der Zahl ihrer Bewohner (**58,59**).

Die Arbeiterschaft konnte ihre wirtschaftliche Lage während der kurzen Konjunkturzeit zu Beginn der 70er Jahre nur wenig verbessern. Als bald darauf eine schwere Wirtschaftskrise einsetzte, hatte sie die Hauptlast der Not zu tragen, die durch Massenentlassungen, Absinken der Löhne, Arbeitslosigkeit und persönliches Elend gekennzeichnet wurde. Trat auch nach 1880 eine Besserung ein, besonders bei den Löhnen, so betonten Berichte doch überzeugend, daß vor allem die erbärmlichen Wohnverhältnisse deprimierende Lebensbedingungen schufen, während die Furcht vor Arbeitslosigkeit und das bedrückende Bewußtsein, ein Staatsbürger zweiter Klasse zu sein, keine rechte Lebens- und Arbeitsfreude aufkommen ließen (**60**).

e) Der Einfluß von Karl Marx und Friedrich Engels

Marx begann den Kommunismus nicht mehr als Utopie zu betrachten, sondern als lebendige Wirklichkeit und notwendige Folge des Wirtschaftsaufbaus der bürgerlichen Gesellschaft. Er wurde so gleichzeitig Theoretiker, Agitator und Organisator eines zukünftigen selbstbewußten Proletariats. Er nahm die Gedanken der französischen Sozialisten und Utopisten auf, die den Klassencharakter des Staates schonungslos enthüllt hatten. Marx' und Engels' großes Ziel war: die Aufhebung der Selbstentfremdung des Menschen und seine Selbstverwirklichung (**62**). Theorien über den Mehrwert bauten die liberale Arbeitswerttheorie Ricardos zur sozialistischen Mehrwerttheorie aus. Die Untersuchung des absoluten und relativen Mehrwerts als Unterschied zwischen Erzeugungswert und Unterhaltskosten der Arbeitskraft bedingt Studien über Arbeitszeit, Arbeitsorganisation, -intensität und -produktivität und Lohn (**65**).

f) Selbsthilfe oder Staatshilfe

Die Frage erhob sich, ob eine Lösung aus privater Initiative zu erreichen sei oder ob der Staat eingreifen müsse.

Hermann Schulze-Delitzsch wirkte besonders im Sinne der Selbsthilfe (**66**); er glaubte in der freien Assoziation das Mittel zu finden, mit dem man den Auswüchsen des Kapitalismus begegnen müsse. Seine Argumente konnten auch den Handwerker überzeugen: Selbsthilfe durch genossenschaftlichen Zusammenschluß, Ablehnung einer staatlichen Sozialpolitik, die als unwürdiges Almosen zu kennzeichnen sei.

Lassalle wies darauf hin, daß die Maßnahmen Schulze-Delitzschs nicht imstande wären, eine Verbesserung der Lage der Arbeiterschaft zu bewirken. Er wies dem Staate die Aufgabe zu, das Assoziationswesen selbst aufzubauen und den Arbeitern die nötigen Mittel zur Gründung von Produktionsgenossenschaften in die Hand zu geben (**67**).

Friedrich Harkort, Begründer eines größeren Betriebs, zeigte sich den neuen Problemen gegenüber äußerst aufgeschlossen. Er sah in dem mangelnden Volksschulunterricht die Wurzel des Übels und machte den Staat dafür verantwortlich. Von selbstständigen Arbeiterorganisationen wollte Harkort nichts wissen. Er befürwortete aber das Eingreifen des Staates, um die Arbeiterschaft zu schützen und den Pauperismus zu bekämpfen (**68**).

g) Das Entstehen von Arbeiter- und Bildungsvereinen

Im Prinzip gab es bei den Vereinigungen der Arbeiter zunächst drei Richtungen: politische Gruppierungen, die auch die nicht unmittelbar mit den Arbeiterfragen zusammenhängenden Probleme in ihren Aktionsbereich einbezogen; Vereinigungen, die sich auf die eigentlichen Arbeiterfragen konzentrierten; Zusammenschlüsse, die sich vor allem mit außerhalb der beiden genannten Bereiche liegenden Tätigkeiten beschäftigten (**70**). So kam es in den 30er und 40er Jahren zur Gründung einer ganzen Reihe von Arbeiterbildungsvereinen. Besondere Bedeutung erlangten die katholischen Gesellenvereine (**71, 72**); sie breiteten sich über ganz Deutschland aus. Auf der Basis der päpstlichen Sozialenzyklika (**73**) entwickelten sich nach 1891 die katholischen Arbeitervereine (**72**).

h) Die Gewerkschaften

Nach 1815 war die wirtschaftliche und soziale Unruhe in den Industrie- und Stadtgebieten in England im allgemeinen mit einer politischen Ideologie und einem Programm verbunden. Die Ludditen jedoch, die bei den ersten großen Unruhebewegungen von 1811 bis 1813 ihre Maschinen zerschlugen, taten dies ohne ein besonderes politisches Reform- oder Revolutionsprogramm. Innerhalb dieser Unruhebewegungen pflegten Phasen, die auf die politische, mit solchen, die auf die gewerkschaftliche Agitation Gewicht legten, abzuwechseln, wobei die ersteren normalerweise massiver waren: die politische Zielsetzung herrschte 1815–1819, 1829–1832 und vor allem während der Ära der Chartisten (1838–1848) vor (**74, 75**). In den Jahren 1829–1835 kam der Gedanke einer „allgemeinen Gewerkschaft" („general trade union") und des „Generalstreiks" auf (**76**).

Gegen Ende der 60er Jahre entstanden auch in Deutschland sozialistisch eingestellte Gewerkvereine, deren Einfluß aber noch nicht bedeutend war. Diese Vereine wurden als Selbsthilfeorganisationen gegründet, um die Interessen bestimmter Gruppen, wie z.B. der Tabakarbeiter, zu vertreten. Als 1890 die Sozialistenverfolgungen aufhörten, wurden ein großzügiger

Neuaufbau und eine Umorganisation vorgenommen. Die „Generalkommission" widmete der Streik-, Kranken-, Arbeitslosen- und Invalidenunterstützung, aber auch den Fortbildungsschulen große Aufmerksamkeit. Die Mitglieder dieser „Freien Gewerkschaften" gehörten meistens der Sozialdemokratie an.

Parallel zu der sozialistischen Organisation entstanden liberale Verbände nach dem Beispiel der britischen Trade Unions (**75**, **76**). Gegen staatliche Fürsorge bestand in diesen sozialliberalen Kreisen von Anfang an Abneigung.

Ursprünglich bestand auch nach 1890 bei den katholischen Arbeitern die Hoffnung, eine einzige, neutrale Gewerkschaftsbewegung in Deutschland nach dem Vorbild der Trade Unions erhalten zu können. Der enge Anschluß der freien Gewerkschaften an die sozialdemokratische Partei begrub solche Hoffnungen. Die Aufgaben, die sich die Christlichen Gewerkschaften stellten, unterschieden sich von denen der Freien Gewerkschaften kaum: berufliche und sozialpolitische Schulung der Mitglieder, Arbeitsvermittlung, Unterstützung der Arbeitslosen, Mitwirkung beim Abschluß von Tarifverträgen; politisch fanden die Christlichen Gewerkschaften Anschluß und Unterstützung beim Zentrum.

i) Die Arbeiterpartei

Nach Vorarbeit gelang es Bebel und Liebknecht 1869 in Eisenach mit einigen führenden Lassalleanern, die sich von ihrer Gruppe getrennt hatten, auf der Basis der bestehenden Arbeitervereine eine zweite deutsche Arbeiterpartei, die Sozialdemokratische Arbeiterpartei, zu gründen. In der auf dem Gothaer Parteitag 1875 geeinigten Sozialdemokratischen Partei sah die sich immer mehr herausbildende Arbeiterbewegung ihre stärkste politische Stütze und Vertretung. Eine intensive propagandistische Aufklärung, die vor allem von Wilhelm Liebknecht im marxistischen Sinne geleitet wurde, förderte das Selbstbewußtsein der Anhängerschaft (**79**, **80**, **81**).

k) Das soziale Verhalten des Staates

Sonntagsarbeit, das Trucksystem, regelmäßige Lohnzahlung u.ä. wurden durch Gesetzgebung in den Jahren 1869, 1878, 1891 und 1897 reguliert, und die Resultate dieser Gesetze brachten die Verhältnisse in Deutschland auf das in England herrschende Niveau. Sie schufen die 6-Tage-Woche und sicherten dem Arbeiter regelmäßige Lohnzahlung, und zwar in Geld. Kinderarbeit wurde in Fabriken und Bergwerken durch Gesetz von 1878 formell abgeschafft. 1891 wurden die entsprechenden Titel der Reichsgewerbeordnung durch das sog. „Arbeiterschutzgesetz" neu gefaßt; es enthielt u.a. Vorschriften über die Verhütung von Gefahren für Leben und Gesundheit der Arbeiter, Bestimmungen über die Arbeitszeit (Sonntagsruhe in der Industrie, elfstündige Arbeitszeit für Arbeiterinnen, Verbot der Nachtarbeit für jugendliche Arbeiter) (**82**).

Einführung

Aufgrund einer Kaiserlichen Botschaft wurden folgende Sozialgesetze erlassen: 1883 Gesetz über die Krankenversicherung, 1884 Gesetz über die Unfallversicherung, 1889 Gesetz über Alters- und Invaliditätsversicherung. Die Sozialversicherung bedeutet im Kern die Anerkennung der Tatsache, daß die rein formalrechtliche Freiheit des Liberalismus nicht ausreichte, um dem „Vierten Stand" diejenige Sicherung seiner Existenz zu geben, die notwendig war, um die formalrechtliche Freiheit zu ergänzen. Sie leitete jene Entwicklung ein, die zu einer allmählichen Umformung der Sozialordnung führte (**83**).

QUELLEN

ABKÜRZUNGEN DER HÄUFIG ZITIERTEN QUELLEN

Braun/Fischer/Großkreutz/Volkmann = Braun, Rudolf / Fischer, Wolfram / Großkreutz, Helmut / Volkmann, Heinrich (Hrsg.): Industrielle Revolution, Köln 1972

Grebing = Grebing, Helga: Geschichte der deutschen Arbeiterbewegung, München 1970

Henning = Henning, Friedrich-Wilhelm: Die Industrialisierung in Deutschland, Paderborn 1973

Hobsbawm = Hobsbawm, Eric J.: Industrie und Empire. Britische Wirtschaftsgeschichte seit 1750, 2 Bde., Frankfurt a. M. 1970

Kuczynski = Kuczynski, Jürgen: Die Geschichte der Lage der Arbeiter unter dem Kapitalismus, 3 Bde., Berlin (Ost) 1953 ff; hier Bd. 1: 1789–1871

Kulischer = Kulischer, Josef: Allgemeine Wirtschaftsgeschichte des Mittelalters und der Neuzeit, Bd. II: Die Neuzeit, München [4]1971

Lassalle = Lassalle, Ferdinand: Arbeiterlesebuch und andere Studientexte, Reinbek 1972

List = List, Friedrich: Schriften, Reden, Briefe. Im Auftrag der Friedrich-List-Gesellschaft e.V. hsg. v. E. V. Beckerath u. a., 9 Bde. und 1 Registerband, Berlin 1927–1936

Lütge = Lütge, Friedrich: Deutsche Sozial- und Wirtschaftsgeschichte, Berlin-Göttingen-Heidelberg 1952

Mickel = Mickel, Ernst: Sozialgeschichte der Industriellen Arbeitswelt, ihre Krisenformen und Gestaltungsversuche, Frankfurt a. M. 1947

Schnabel = Schnabel, Franz: Deutsche Geschichte im 19. Jahrhundert, 8 Bde., Freiburg i. Br. 1965; hier Bd. VI: Die moderne Technik und die deutsche Industrie

Schraepler = Schraepler, Ernst: Quellen zur Geschichte der sozialen Frage in Deutschland, 2 Bde., Göttingen 1960–1964; hier Bd. 2: 1871 bis zur Gegenwart, 1964

Sombart = Sombart, Werner: Die Deutsche Volkswirtschaft im 19. Jahrhundert und im Anfang des 20. Jahrhunderts, Berlin [5]1921

Treue/Pönike/Manegold = Treue, Wilhelm / Pönike, Herbert / Manegold, Karl-Heinz (Hrsg.): Quellen zur Geschichte der Industriellen Revolution, Göttingen 1966

1. Die Industrielle Revolution als weltgeschichtliche Zäsur

Die radikale Veränderung **Text 1**

Zwischen 1780 und 1850, in weniger als drei Generationen, wandelte eine weitreichende Revolution, die in der Geschichte der Menschheit nicht ihresgleichen hat, das Gesicht Englands. Von da an war die Welt nicht mehr die gleiche. Die Historiker haben das Wort Revolution oft gebraucht und mißbraucht, um eine radikale Veränderung zum Ausdruck zu bringen, aber keine Revolution war je so dramatisch revolutionär wie die „Industrielle Revolution" – ausgenommen vielleicht die neolithische.

Beide änderten sie sozusagen den Lauf der Geschichte, denn jede bewirkte einen Bruch im geschichtlichen Ablauf. Die neolithische Revolution formte die Menschheit von einem zersplitterten Haufen wilder Jägertrupps „tierhaft, klein und brutal", in mehr oder weniger gegenseitig voneinander abhängige landwirtschaftliche Gesellschaften um. Die Industrielle Revolution verwandelte den Menschen von einem Bauern und Schafhirten in einen Betätiger von Maschinen, die mit lebloser Energie angetrieben wurden.

K. Borchardt, Die Industrielle Revolution in Deutschland (Einführung von C. M. Cipolla: Wirtschaftsgeschichte und Weltbevölkerung, München 1972), S. 7 f.

Durchbruch neuer Anschauungen **Text 2**

Die zeitliche Abgrenzung kann natürlich nicht mit dem ersten Jahr des neuen Jahrhunderts begonnen werden. Nicht ein bestimmtes Kalenderjahr, sondern der Beginn einer neuen, in sich einheitlichen Epoche muß ausschlaggebend sein. Sicher liegen die letzten entscheidenden *geistes*geschichtlichen Tatsachen, die üblicherweise mit den Vokabeln Rationalismus und Aufklärung bezeichnet werden, um ein bis zwei Generationen zurück. Aber eine Periodizierung im Bereiche der Sozial- und Wirtschaftsgeschichte muß dort die Cäsur sehen, wo sich die neuen Gedanken in neuen *Institutionen* konkretisieren. So könnte man etwa, wie dies häufig geschehen ist, als Beginn dieser neuen Epoche das Jahr 1789 annehmen, das Jahr der Französischen Revolution. Daß diese, soziologisch gesehen, nicht als eine Revolution des „kapitalistischen Bürgertums" gedeutet werden kann, sondern als ein von den führenden Schichten getragenes Streben nach Verwirklichung der neuen Freiheitsideen, ist wohl heute allgemein anerkannt. Das schließt aber nicht aus, daß es gerade das Bürgertum war, das sich diese neuen Ideen zunutze machte. Derjenige, der das entscheidende Merkmal in dem Aufkommen der neuen industriellen Technik sieht, wird auch weiter zurückgreifen, wie z. B. J. Kulischer, der die neue Epoche mit dem Jahr 1780 beginnen lassen möchte, oder W. Sombart, der die 1760er Jahre als die entscheidenden ansieht. Auch das Jahr 1776 könnte man wählen, also das Jahr, in dem der Ausbruch des amerikanischen Unabhängigkeitskrieges symbolhaft den Zusammenbruch der merkantilistischen Außenwirtschaftspolitik anzeigt und in dem gleichzeitig und gleichfalls symbolisch das Erscheinen von Adam Smiths „Wealth of Nations" den Ideen seiner Zeit, bezogen auf die Gestaltung des wirtschaftlichen Lebens, vollgültigen Ausdruck verlieh und den Liberalismus einleitete.

.....

Dies ist denn auch in der Tat für das 19. Jh. in einem ganz besonderen Maße gültig: *der von einem ungeheueren Optimismus getragene Wille.* Vielleicht keine andere Zeit in der gesamten Menschheitsgeschichte hat in so einseitiger Weise an diese Kräfte des Menschen appelliert und sie zur Entfaltung gebracht, – zum Guten wie zum Bösen. Immer weniger werden diese Kräfte gebändigt durch übergeordnete ethische oder religiöse Werte, dagegen immer einseitiger ausgerichtet an dem äußeren, besonders auch wirtschaftlichen *Erfolg,* der mit einem ebenso optimistischen wie oft genug auch rücksichtslosen Elan angestrebt wird.

Lütge, S. 293

2. Der Übergang von der Agrar- zur Industriegesellschaft

Die materiellen Voraussetzungen der Industriellen Revolution

Text 3

...Da nun aber der Zweck jeder Kapitalanlage Gewinnerzielung ist, so wenden sich die Kapitalien den rentabelsten Anlagen zu, d. h. denjenigen, in denen die höchsten Gewinne erzielt werden. Indirekt wird aber auf diese Weise auch die Produktivität der Volkswirtschaft am besten gefördert. Jeder glaubt nur sein eigenes Interesse im Auge zu haben, tatsächlich aber erfährt so indirekt auch das Gesamtwohl der Volkswirtschaft die beste Förderung . . . Verfolgt er nämlich sein eigenes Interesse, so fördert er damit indirekt das Gesamtwohl viel nachhaltiger, als wenn die Verfolgung des Gesamtinteresses unmittelbar sein Ziel gewesen wäre. Ich habe nie viel Gutes von denen gesehen, die angeblich für das allgemeine Beste tätig waren.

Welche Kapitalanlage wirklich die vorteilhafteste ist, das kann jeder Einzelne besser beurteilen als etwa der Staat oder eine sonstwie übergeordnete Instanz.

Jeder kluge Familienvater befolgt den Grundsatz, niemals etwas zu Hause anzufertigen, was er billiger kaufen kann. Dem Schneider fällt es nicht ein, sich die Schuhe selbst zu machen, sondern er kauft sie vom Schumacher; dem Schuhmacher andererseits fällt es nicht ein, sich die Kleider selbst herzustellen, sondern er gibt sie beim Schneider in Auftrag, und dem Landwirt kommt es nicht in den Sinn, sich dies oder jenes selbst zu machen, sondern auch er setzt die einzelnen Handwerker in Nahrung. Alle sehen den Vorteil darin, ihre Arbeitskraft ganz in der Weise zu betätigen, in der sie etwas vor ihren Nachbarn voraushaben und sich mit einem Teil des Ertrages oder, was dasselbe ist, mit dem Preis dafür das zu kaufen, was sie darüber hinaus brauchen.

Was aber in der Wirtschaftsführung eines Familienhaushalts klug ist, das kann auch im Ganzen einer großen Volkswirtschaft kaum Torheit sein. Wenn uns nämlich ein anderes Land mit einer Ware billiger versorgen kann, als wir sie selbst herzustellen imstande sind, so ist es vorteilhafter, daß wir dem betreffenden Lande diese Ware gegen Produkte unseres eigenen Gewerbefleißes, in denen wir vor dem Auslande etwas voraushaben, abkaufen. Die natürlichen Produktionsvorteile, die ein Land hinsichtlich bestimmter Waren vor einem anderen voraushat, sind mitunter so groß, daß es, wie alle Welt weiß, vergeblich sein würde, dagegen ankämpfen zu wollen...Der Jahresertrag einer Volkswirtschaft ist höher, wenn sie sich auf die Erzeugung derjenigen Waren beschränkt, in denen sie vor anderen Ländern Kostenvorteile voraushat und sie ihrerseits von anderen Ländern diejenigen Waren kauft, die dort billiger sind. Die Regelung dieser Austauschverhältnisse aber muß dem freien Spiel der wirtschaftlichen Kräfte überlassen bleiben. Es ist zwar möglich, daß durch wirtschaftspolitische Maßnahmen, vor allem durch Einfuhrverbote und hohe Zölle auf fremdländischen Waren, sich im Lande selbst eine Industrie entwickelt oder schneller entwickelt, als es ohne solche staatlichen Maßnahmen der Fall gewesen wäre; es ist sogar möglich, daß die betreffende Ware nach gewisser Zeit im Inland ebenso billig hergestellt werden kann, aber es folgt daraus keineswegs, daß die Gesamtsumme der gewerblichen Produktion oder des Volkseinkommens des betreffenden Landes durch solche Eingriffe vermehrt werden kann. Die Industrie eines Landes kann sich nur in dem Maße vermehren, als das Kapital zunimmt, und das Kapital nimmt nur in dem Maße zu, als nach und nach aus dem Einkommen gespart wird. Kapitalbildung und Industrieentfaltung müssen in einem Lande dem natürlichen Gang der Entwicklung überlassen bleiben. Jede künstliche wirtschaftspolitische Maßnahme lenkt die produktiven Kräfte der Arbeit und auch die Kapitalien in eine falsche Richtung.

Die Vorteile, die ein Land vor einem anderen voraushat, können natürliche und erworbene sein. Natürliche Vorteile bestehen darin, daß z.B. infolge des Klimas, der Bodenbeschaffenheit oder der Lage bestimmte Produkte in manchen Gegenden wesentlich besser und billiger hergestellt werden können. Erworbene Vorteile können auf dem besseren Organisationstalent der Unternehmer oder auf erhöhter Geschicklichkeit der Arbeiter beruhen.

Das natürliche Bestreben jedes Menschen, seine Lage zu verbessern, ist, wenn es sich mit Freiheit und Sicherheit geltend machen darf, ein so mächtiges Prinzip, daß es nicht nur allein und ohne alle Hilfe die Gesellschaft zum Wohlstand und Reichtum führt, sondern auch hundert unverschämte Hindernisse überwindet, mit denen die Torheit menschlicher Gesetze es nur allzuoft zu hemmen suchte.

Adam Smith, Untersuchungen über Natur und Ursache des Wohlstandes der Nationen, London 1776, Deutsche Ausgabe von F. Grünefeld, 3. Aufl., Bd. 1, Jena 1923, S. 18 ff.

Die Arbeit als Ware

Text 4

Arbeit hat, wie alle übrigen Dinge, die man kauft oder verkauft, und die an Menge vermehrt oder vermindert werden können, ihren natürlichen und ihren Marktpreis. Der natürliche Preis der Arbeit ist jener Preis, welcher nötig ist, die Arbeiter in den Stand zu setzen, einen wie den anderen, sich zu erhalten und ihr Geschlecht fortzupflanzen ohne Vermehrung oder Verminderung . . .

Der Marktpreis der Arbeit ist derjenige Preis, der wirklich für die Arbeit auf Grund des natürlichen Verhältnisses von Angebot und Nachfrage bezahlt wird. Die Arbeit ist teuer, wenn sie selten ist, und billig, wenn sie reichlich ist. Wie weit auch immer der Marktpreis der Arbeit von ihrem natürlichen Preise abweichen mag, so hat er, wie die Güter, eine Tendenz, sich ihm anzupassen.

Erst wenn der Marktpreis der Arbeit ihren natürlichen Preis übersteigt, wird die Lage des Arbeiters eine gedeihliche und glückliche, hat er es in seiner Macht, über einen größeren Anteil von Bedarfsartikeln und Lebensgenüssen zu verfügen und daher eine gesunde und zahlreiche Familie zu ernähren. Wenn sich jedoch die Zahl der Arbeiter durch den Antrieb, welchen ein hoher Lohn für die Bevölkerungszunahme bildet, vermehrt, sinkt der Lohn wieder auf seinen natürlichen Preis und sinkt bisweilen infolge eines Rückschlages darunter.

Steht der Marktpreis der Arbeit unter ihrem natürlichen Preise, so gestaltet sich die Lage der Arbeiter am elendesten; dann raubt ihnen die Armut selbst noch jene Genüsse, welche die Gewohnheit zu absoluten Notwendigkeiten macht. Erst nachdem die Entbehrungen ihre Zahl vermindert haben oder nachdem die Nachfrage nach Arbeit gestiegen ist, wird der Marktpreis der Arbeit wieder auf ihren natürlichen Preis steigen, und der Arbeiter wird die bescheidenen Annehmlichkeiten haben, die ihm die natürliche Lohnrate zu gewähren pflegt.

Das also sind die Gesetze, die den Lohn bestimmen und von welchen das Glück des weitaus größten Teiles jeder Gesellschaft beherrscht wird...

David Ricardo, Grundsätze der Volkswirtschaft und Besteuerung, in: H. Waentig, Sammlung sozialwissenschaftlicher Meister, Jena 1923, S. 81, 82, 94

Gesetz über den durchschnittlichen Arbeitslohn

Text 5

Das eherne ökonomische Gesetz, welches unter den heutigen Verhältnissen, *unter der Herrschaft von Angebot und Nachfrage nach Arbeit,* den Arbeitslohn bestimmt, ist dieses: daß der durchschnittliche Arbeitslohn immer auf den nothwendigen Lebensunterhalt reducirt bleibt, der in einem Volke gewohnheitsmäßig zur Fristung der Existenz und zur Fortpflanzung erforderlich ist.

Dies ist der Punkt, um welchen der wirkliche Tag[es]lohn in Pendelschwingungen jeder Zeit herum gravitirt, ohne sich jemals lange weder über denselben erheben noch unter denselben hinunter fallen zu können. Er kann sich nicht dauernd über diesen Durchschnitt erheben; denn sonst entstünde durch die leichtere, bessere Lage der Arbeiter eine Vermehrung der [Arbeiterehen und der Arbeiterfortpflanzung, eine Vermehrung der] Arbeiterbevölkerung und somit des Angebotes von Händen, welche den Arbeitslohn wieder auf und unter seinen früheren Stand herabdrücken würden.

Der Arbeitslohn kann auch nicht dauernd tief unter diesen nothwendigen Lebensunterhalt fallen. Denn dann entstünde Auswanderung, Ehelosigkeit, Enthaltung von Kindererzeugung und endlich eine durch Elend erzeugte Verminderung der Arbeiterzahl, welche somit das Angebot von Arbeiterhänden verringert und somit den Arbeitslohn wieder zu seinem früheren höheren Stand zurückbringt. Der wirkliche durchschnittliche Arbeitslohn besteht somit in der Bewegung, beständig um jenen seinen Schwerpunkt, in den er fortdauernd zurücksinken muß, herum zu kreisen, bald etwas über demselben, bald etwas unter ihm zu stehen.

Lassalle, S. 58

Problem einer Prinzipienlehre der modernen Technik

Text 6

Am einfachsten wäre es ja für ihn, wenn er einen Überblick über die technischen Errungenschaften auf allen in Frage kommenden Gebieten geben könnte. Aber es ist offensichtlich, daß er diesen Ausweg nicht beschreiten kann. Er schriebe dann ein „Buch der Erfindungen" – ab, das in konzisester Fassung 729 enggedruckte Seiten Lexikonformat Text beansprucht, während ihm im Rahmen seines Gesamtwerkes höchstens der zwanzigste Raumteil zur Verfügung steht. So kann er sich, wird man meinen, dadurch helfen, daß er eine passende Auswahl trifft, d.h. die „wichtigsten" Entdeckungen und Neuerungen seinem Leser zur Lektüre darbietet. Das ist die übliche Methode, sie findet sich fast in allen den hundertundein Übersichten angewandt, die jetzt am Jahrhundertschluß erschienen sind. Aber ich halte dieses Verfahren schlechterdings für gefährlich. Es verführt dazu, an einzelnen Punkten haften zu bleiben, einzelne Erfindungen in ihrer Tragweite zu überschätzen und dadurch das Urteil über den Gesamteffekt der Technik zu trüben. Worauf es vor allem ankommt, ist die Einsicht in den *notwendigen Zusammenhang sämtlicher, kleiner wie großer, Erfindungen und Entdeckungen.* Und dieser Einsicht versperre ich den Weg, wenn ich etwa die Einführung der Dampfkraft oder die Erfindung der Spinnmaschine oder die Anwendung der Elektrizität oder die Eisenbahnen oder sonst etwas aus der Gesamtheit der technischen Neuerungen herausgreife. Ganz abgesehen davon, daß jede solche Auswahl willkürlich ist. Gerade die am meisten in die Augen springenden Erfindungen sind keineswegs immer auch die „wichtigsten“, wenn man schon diesen Begriff anwenden will. Mir erscheint beispielsweise die Begründung der modernen maschinellen Eisenbearbeitung durch Maudslay, von der man selten etwas in den Übersichten erfährt, ebenso wichtig wie die Erfindung des mechanischen Spinnstuhls; die Verwendung künstlichen Düngers erachte ich für epochaler als die Benutzung der Dampfkraft; den Erfindungen von Cort, Bessemer und Thomas möchte ich mindestens die gleiche praktische Bedeutung beimessen wie denen der Fulton und Stephenson; die Entdeckung Runges ist vielleicht von prinzipiell größerer Tragweite als die Erfindung der Reis und Bell. Und so fort ins Unendliche. Das einzige, was wir mit Sicherheit auszusagen vermögen, ist nur dieses: daß keine der abertausend Entdeckungen annähernd die gleiche Bedeutung für die Praxis hätte, die ihr zukommt, wenn sie nicht von allen übrigen Erfindungen und Entdeckungen begleitet gewesen wäre.

Sombart, S. 135

Das Aufkommen der Maschinen

Text 7

. . . Nun, mit der Erfindung der Spinnmaschine hatte das Verhältnis zwischen Spinnerei und Weberei eine radikale Umwälzung erfahren. War früher Garnmangel vorhanden, so war jetzt der Bedarf an Garn nicht nur gedeckt, da mit dem Aufkommen der Jennymaschine der Spinner 200mal mehr produzierte als vordem, sondern es machte sich ein neues Mißverhältnis bemerkbar: die Weberei war von der Spinnerei stark überholt worden, es fehlte an Webern zur Verarbeitung des mittels der neuen Maschinen massenweise hergestellten Gespinstes. Das Gleichgewicht war wiederum gestört; das neu eingetretene, in der Rückständigkeit der Weberei liegende Hemmnis war ebenso lästig und bedeutete eine ebensolche Minderung der Leistungsfähigkeit für die Textilindustrie, wie das ehedem vorhandene, in der technischen Unvollkommenheit der Spinnerei begründete. Dieser Umstand veranlaßte eine Reihe von Versuchen auf dem Gebiete der Weberei zum Zwecke der Vervollkommnung ihrer Technik. Schließlich hat der englische Landpfarrer Cartwright den mechanischen Webstuhl erfunden. Ein Weber produzierte auf ihm täglich die gleiche Ellenzahl, wie 40 Handweber.

. . . Die ersten Spinnmaschinen wurden von Menschen oder Tieren, Eseln und Pferden in Bewegung gesetzt, auch durch Wasserkraft angetrieben. Für die späteren größeren Fabriken jedoch mit zahlreichen Arbeitsmaschinen war die Anwendung der Dampfkraft eine wichtige Voraussetzung ihrer Blüte. Der rapide Aufschwung der englischen Baumwollspinnerei vollzieht sich unter gleichzeitiger Verbreitung sowohl der Arbeitsmaschine als des von Watt erfundenen Dampfmotors.

Kulischer, S. 448

Text 8

Die Dampfkraft gewährt den großen Vorteil, daß sie da, wo die Steinkohle im Überfluß und zu billigen Preisen zu haben ist, eine Konzentration von großen Fabrikanstalten und Kapitalien, von technischen Kräften und Geschicklichkeiten, als große Fabrikemporien ermöglicht und hervorruft. Kamin erhebt sich in diesen Emporien an Kamin. Hundert Fabrikanstalten teilen sich in die verschiedenen einzelnen Zweige der Fabrikation. Jede spinnt nur eine Sorte Garn, webt oder druckt nur eine Sorte Zeug. An einem und demselben Ort bilden sich ganze Heere von ansässigen Fabrikarbeitern jeglicher Art, und jedes Individuum legt sich nur auf eine Gattung von Handarbeit, erlangt also in seinem Fach den höchsten Grad von Geschicklichkeit. Dem Fabrikanten zur Seite wohnt hier der Bankier, der ihm Vorschüsse macht oder seine überflüssigen Gelder abnimmt, der Importer, der ihn von Tag zu Tag mit Rohstoffen versorgt, und der Exporter, der ihm seine Ware abnimmt, sobald sie fertig ist. Hier bildet sich eine Menge Maschinenfabriken, die – gleichfalls nach dem Prinzip der Arbeitsteilung – sich nur auf einen Zweig der Maschinenfabrikation legen, folglich die möglichst vollkommendsten Produkte zu den billigsten Preisen und aufs prompteste zu liefern im Stande sind. Dadurch wird die Anlegung und die Führung der Fabriken unermeßlich erleichtert. Der Fabrikant kann in kürzester Frist beschädigte Maschinen ausbessern oder verdorbene ergänzen. Er kann jeden Tag nach Maßgabe seiner Kräfte und seines Absatzes die Zahl seiner Arbeiter vermehren oder vermindern. Er kann in jeder Woche sein zirkulierendes Kapital umsetzen, ja zur Zeit hoher Prosperität und allgemeinen Vertrauens größtenteils mit Kredit arbeiten...

List, Bd. III, S. 351 f.

Text 9

Unsere heutige Zeitung führt dem Publikum das praktische Resultat der größten Verbesserung vor, welche die Buchdruckerkunst seit ihrer Erfindung erfahren hat. Der Leser dieses Satzes hält jetzt einen der vielen tausend Abdrücke der „Times" in der Hand, die in der verflossenen Nacht vermittels eines mechanischen Apparats hergestellt worden sind. Ein Maschinensystem, von dem man fast glauben könnte, es besitze eigene innere Lebenskraft, ist erfunden und ausgeführt worden, das nicht nur den Menschen von aller schweren Arbeit beim Drucken befreit, sondern auch alle menschlichen Fähigkeiten hinsichtlich einer raschen und zuverlässigen Arbeitsweise weit übertrifft. Um dem Publikum die Möglichkeit zu gewähren, die Größe der Erfindung an ihren Wirkungen zu beurteilen, führen wir an, daß, nachdem der Typensatz fertig gestellt und zu einer sog. Form geschlossen worden ist, für die an der Maschine beschäftigten Leute wenig mehr zu tun bleibt, als dieselbe zu bedienen und ihren Gang zu überwachen. Man hat sie nur mit Papier zu versorgen; sie selbst treibt die Form hin und her, trägt die Farbe auf, bringt den Bogen auf die eingeschwärzte Form, druckt ihn und liefert ihn dann in die Hände einer zu seinem Empfange bestellten Person. Gleichzeitig geht die Form zurück zum abermaligen Empfange von Farbe für den Druck des nächstfolgenden Bogens, während erstere ununterbrochen verrieben wird; das ganze komplizierte Verfahren aber geschieht mit solcher Schnelligkeit und Gleichzeitigkeit in allen Bewegungen, daß nicht weniger als elfhundert Bogen in der Stunde gedruckt werden.

Daß die Vollendung einer solchen Erfindung, die nicht das Spiel des Zufalls, sondern das Ergebnis methodischer Forschungen des Künstlers auf dem Gebiete der Mechanik ist, von mancherlei Hindernissen und Verzug begleitet sein mußte, kann gern zugegeben werden. Der Anteil, welchen wir an ihrer Vollendung haben, beschränkt sich nur auf die Anwendung der Erfindung in unserem eigenen Geschäft, gemäß dem Vertrage mit dem Patentinhaber...

Über die Person des Erfinders haben wir nur weniges hinzuzufügen. Wie Sir Christopher Wren's herrlichstes Denkmal der von ihm errichtete Bau (Sir Christopher Wren ist der Erbauer der Paulskriche in London) ist, so ist der höchste Lobestribut, welchen wir dem Erfinder der Buchdruckmaschine darzubringen vermögen, in der vorstehenden, von uns angedeuteten Macht und des Nutzens seiner Erfindung enthalten. Nur das wollen wir noch sagen, daß der Erfinder, ein Sachse von Geburt, Koenig heißt, sowie daß seine Erfindung unter der Leitung seines Freundes und Landsmannes Bauer ausgeführt worden ist.

Leitartikel der „Times" vom 29. November 1814, aus: Th. Goebel, Friedrich König und die Erfindung der Schnellpresse, Stuttgart 1906, S. 99

Der Geist der Industrie

Text 10

Die Industrielle Revolution – die Industrialisierung und der industrielle Geist – ist nicht in Deutschland entstanden, sondern zuerst in England, dann in Belgien und Frankreich entwickelt worden. Naturwissenschaften und Realbildung stellten die Voraussetzung für die Industriewirtschaft dar, deren Wurzeln über Bildung und Ausbildung, Philosophie und Handwerk bis in die arabische, antike und fernöstliche Überlieferung zurückreichen. War für die Entwicklung der Landwirtschaft über Thaer und Liebig zur Höhe des 19. Jahrhunderts der Gegensatz der historisch rechtfertigenden Lebensanschauung zur naturwissenschaftlich fragenden charakteristisch, so war die Auseinandersetzung zwischen Tradition und Evolution oder Revolution im Bereich der Industrie noch weit intensiver. Die moderne Industrie war ein Novum ohne Geschichte: die Dampfmaschine, die Friedrich d. Gr. sich von England verschrieb, leitete für Preußen–Deutschland eine Zeit ein, die sich nirgendwoher „entwickelt" hatte.

.....

Die Reaktion auf die moderne Technik selbst und deren Problematik war durchaus uneinheitlich, in Stadt und Land verschieden, bei den Regierungen gewöhnlich zurückhaltender als bei den Technikern und Industriellen, und wieder verschieden bei den Industriearbeitern und Handwerkern. Notzeiten ließen die Vorzüge der Technik für Arbeitsbeschaffung, Wohlstandsbehauptung und Vermeidung von Hungersnöten deutlicher in Erscheinung treten als gute Zeiten der Landwirtschaft; Weltwirtschaftskrisen und Spekulationsverluste wurden ihr zur Last gelegt. Erhielt die in England eingeleitete Bewegung lange Zeit auch vom Westen her ihre bedeutendsten Anregungen, wurde das Rheinland mit seinen vielfältigen Beziehungen zu

Westeuropa zur „Vorhut des deutschen Hochkapitalismus", so empfing sie in Deutschland von Preußen aus Richtung und Tempo. Thaers Verdiensten um die Revolution in der Landwirtschaft stehen die Beuths um die in den Gewerben zur Seite – beider gemeinsames Denkmal in Berlin, umgeben von Goethe, Humboldt, Rauch, Schinkel, Egells, Borsig, Wöhler und anderen, repräsentiert die deutsche Bürgertüchtigkeit und Bürgerbildung im 19. Jahrhundert und das in der industrie- und bildungsbürgerlichen Gesellschaft schnell aufsteigende Berlin. Am Sockel eines von der dankbaren Provinz zur Erinnerung an die Vereinigung des Rheinlandes mit der preußischen Monarchie gestifteten Reiterdenkmals für Friedrich Wilhelm III. in Köln bezeugten Porträts von Mevissen, Camphausen, v. d. Heydt, A. v. Oppenheim und anderen die Bedeutung dieser Bevölkerungsgruppe für die reichste und industriewirtschaftlich fortgeschrittenste preußische Provinz.

W. Treue, Wirtschaftsgeschichte der Neuzeit, Stuttgart 1962, S. 528

3. Das Bevölkerungswachstum als Teilursache und Folge der Industriellen Revolution

Zusammenhang zwischen Bevölkerungswachstum und ökonomischen Faktoren

Text 11

Es scheint klar, daß wirtschaftliche Faktoren viel stärker die Heiraten- und/oder Geburtenquote beeinflußt haben, als angenommen worden ist und daß soziale Änderungen (z.B. die Trennung von Wohn- und Arbeitsplatz) die frühzeitige Familiengründung und vielleicht auch größere Familien gefördert, wenn nicht gar notwendig gemacht haben. Es ist auch klar, daß eine Familienwirtschaft, die nur durch die Mitarbeit aller Familienmitglieder gesichert werden kann, und Produktionsweisen, die Kinderarbeit in Anspruch nahmen, das Bevölkerungswachstum anregen mußten. Die Zeitgenossen sahen dieses Wachstum wohl im Zusammenhang mit den Veränderungen der Arbeitsnachfrage (wahrscheinlich stieg die Geburtenrate zwischen den vierziger und den achtziger Jahren des 18. Jahrhunderts rasch, danach nur noch langsam an). Was die Veränderung der Sterblichkeitsziffer betrifft, so spielten medizinische Fortschritte (außer vielleicht die Pockenimpfung) bis zur Mitte des 19. Jahrhunderts keine wesentliche Rolle; sie muß vor allem von wirtschaftlichen, sozialen oder anderen Veränderungen der Umgebung verursacht worden sein, und bis spät ins 19. Jahrhundert hinein scheint sie nicht dramatisch gesunken zu sein.

Worin bestanden nun die ökonomischen Auswirkungen dieser Veränderungen? Mehr Menschen bedeuten mehr und billigere Arbeitskraft. Es ist häufig behauptet worden, daß dies das Wirtschaftswachstum, jedenfalls unter dem Kapitalismus, automatisch anreize. Wie wir heute an vielen unterentwickelten Ländern sehen können, ist das nicht der Fall; im Gegenteil: es erzeugt lediglich Not und Stagnation, gar Katastrophen, wie in Irland und dem schottischen Hochland im frühen 19. Jahrhundert. Billige

Arbeitskraft kann die Industrialisierung in der Tat verlangsamen. Wenn im 18. Jahrhundert die wachsende Arbeiterschaft der Entwicklung in England zugute kam, dann deshalb, weil die Wirtschaft bereits dynamisch war und nicht, weil ein äußeres demographisches Moment sie dynamisch gemacht hätte: die Bevölkerungszahl stieg in ganz Nordeuropa rasch an, doch nicht überall erfolgte Industrialisierung.

Hobsbawn, S. 43

Das Problem der Auswanderung

Text 12

Im einzelnen: 1820 betrug die Zahl der Einwanderer aus Deutschland in die USA 968, 1822 nur 148, 1828 1851 und 1829 597. 1830 lag sie wieder bei 1976, 1837 bei 23704, 1838 bei 11683, 1840 bei 29704, 1841 war sie mit 15291 nur halb so hoch, 1847 erreichte sie den Höhepunkt der ersten Hälfte des 19. Jahrhunderts: 74281. Noch viel stärker waren die Schwankungen, wenn wir einzelne Gegenden und Monate untersuchen. So wanderten aus Württemberg nach den USA im Jahre 1815, wie die Quellen melden, nur 3 Menschen aus, 1816 waren es fast 150mal soviel, nämlich 443, und allein im Juli 1817 wieder mehr als doppelt soviel wie im ganzen Jahr 1816, nämlich 1070.

Die Haltung zur Auswanderung schwankte. Vor allem in Zeiten der Not wurde sie offiziell und in zahlreichen privaten Schriften propagiert. Und da die Zeiten der Not immer länger wurden, so wurde die Propagierung der Auswanderung immer allgemeiner. Schon um 1818 hatte sich Ludwig Gall nicht nur als rheinischer Vertreter einer Schweizer Auswanderungsgesellschaft um die Steigerung der Auswanderung bemüht, sondern weil er von ihr eine Besserung der Lage der Ausgewanderten wie auch der Zurückgebliebenen erwartete. 1834 wurde in Gießen eine Gesellschaft zur Auswanderung nach den USA gegründet; 1842 wurde in Mainz ein Auswanderungsverein geschaffen, 1843 in Düsseldorf und Wiesbaden, 1846 in Leipzig, 1848 in Frankfurt am Main, 1849 in Hamburg und Berlin.

In den vierziger Jahren gab es so manchen, der in der Auswanderung den einzigen Rettungsweg aus dem Elend sah – eine Anschauung, die in der Schrift von Hundeshagen ihren deutlichsten Ausdruck schon im Titel fand: „Die deutsche Auswanderung als Nationalsache, insbesondere die Auswanderung des Proletariats.“ Die Lehre von der Auswanderung als Ausweg aus der Not wurde nicht selten auch mit malthusianischen Gedankengängen vermischt.

Kuczynski, S. 240 f.

4. Die einzelnen Phasen des wirtschaftlichen Verlaufs der Industrialisierung

a) Von der Manufaktur zur Fabrik

Struktur der gewerblichen Betriebsformen

Text 13

Das Hauswerk

1. Lohnwerk
Produktion für den Kunden,
Entwicklung aus der geschlossenen Hauswirtschaft

2. Preiswerk (Handwerk)
Warenproduktion für den Markt.
Erste selbständige Arbeitsbetriebsform. Seit dem 11. Jahrhundert.

1. Das Lohnwerk

Das Werkzeug gehört dem Arbeiter,
den Rohstoff liefert der Kunde.

Stör
Verdingung der Arbeitsleistung
an das Haus
(locatio operarum)

Heimwerk
Verdingung der herzustellenden
Werkstücke an das Haus
(locatio operis faciendi)

2. Das Preiswerk (Handwerk)

Der Handwerker umfaßt einheitlich:

1. Verteilungsfunktion (Warenabsatz)
2. Produktionsfunktion (Arbeitsbetrieb)
3. Hausvaterschaft (Familie)

Meister, Geselle, Lehrling } Arbeitshierarchie

Sozialethos: ehrbare Nahrung für jeden im gleichen Gewerbe, Gerechtigkeit für den Kosumenten.

1. Bindung: Familienverfassung. Der Lohn ist ihr Bestandteil.
Personal- und Sachvermögen sind noch ungeschieden.

2. Bindung: Genossenschaft (Zunft, Innung) und Stadt. Beide leisten einen Teil der Überlegungen und Einrichtungen, die später der Unternehmer übernimmt.

Quellen

Die Hausindustrie

Dezentralisierter „Großbetrieb“

a) Entstehung

Handwerkmeister — Händler

werden

Voraussetzung: Differenzierung in reiche und arme Meister, Auflösung der Bindungen.

Voraussetzung: Trennung des Haushalts vom Geschäft, des Personal- vom Geschäfts-Kapital. Beginn in Italien im 14. Jh.

↓

Unternehmer
(Verleger)

Das Kapital treibt
zur Rentabilität,
es erfaßt

↓

Die Produktion
(Auftragserteilung, Aneignung
der Verteilungsfunktion)

---

b) Sozial-Aufbau

1. Der Unternehmer

2. Der Faktor
(Zwischenhändler)

Der Unternehmer bindet die Produktion in den Dienst des Kapitals; aus dem Arbeitsbetrieb wird kapitalistischer Betrieb, aus dem Handwerksmeister wird der Hausindustrielle.

3. Die Handwerker oder Heimwerker im häuslichen oder handwerklichen Körper, teilweise noch im Sozialgehäuse der Zunft.

c) Stufen der Abhängigkeit des Produzenten
vom Verleger

1. Der Produzent arbeitet mit eigenem Werkzeug und Rohstoff; dann besteht zwischen ihnen noch Kaufsystem, aber die Verwertungsfunktion ist abgetrennt.
2. Der Produzent arbeitet mit eigenem Werkzeug und fremdem Rohstoff; er wird selbständiger Lohnarbeiter, gewissermaßen auf Stücklohn.
3. Er arbeitet mit fremdem Werkzeug und fremdem Rohstoff; er wird unselbständiger Lohnarbeiter im Dienste eines anderen.

Industrialisierung – Von der Manufaktur zur Fabrik **(13)**

Die Manufakturindustrie (Zentralisierter „Großbetrieb“)

a) Betriebsstruktur

Der Unternehmer tritt in den Betrieb
als Betriebsherr ein

↓

1. Der Arbeitsprozeß ist vom Haus abgelöst, hat sich verselbständigt; Arbeitsraum und Lebensraum sind getrennt.
2. Die Arbeit wird organisiert und versachlicht: Arbeitsteilung, Arbeitsvereinigung, Disziplin, teilweise maschinelle Apparatur.
3. Bestimmend bleibt noch die Handarbeit.
4. Die Arbeit ist vielfach unfrei.

↑

Der Arbeiter verläßt die häusliche Werkstatt und tritt in einen fremden Betriebsraum als bloße Arbeitskraft ein. Sein Haushalt wird Konsumentenhaushalt.

b) Entstehung

aus

Handwerk durch Werkstatterweiterung und -verselbständigung	Hausindustrie durch Betriebsvereinigung	Anstalten (Waisen-, Armenhäusern usw.)	Neugründungen

Michel, S. 51 ff.

Die Fabrik

Die Bezeichnung „*Fabrik*“, seit dem 18. Jh. aufkommend, ist zunächst durchaus nicht einheitlich und eindeutig. Verwendet man dieses Wort anfangs namentlich im Metallgewerbe, so wird es doch bald auch auf andere Gewerbezweige angewandt. Dabei macht man vielfach keinen Unterschied zwischen solchen Produktionsstätten, die nach der herrschenden Terminologie als Manufakturen zu bezeichnen, und solchen, die unter das Verlagswesen einzuordnen sind. Das moderne Fabrikwesen ist nicht allein aus der Manufaktur herausgewachsen, sondern es hat *drei Quellen* , aus denen heraus es entstanden ist: 1. den Handwerksbetrieb, 2. das arbeitsteilige Verlagswesen und 3. die mechanische Werkstätte mit höher entwickelter Technik. Die Entstehung aus dem Handwerksbetrieb heraus stieß im 18. Jh. noch auf erhebliche Schwierigkeiten, da die Vorschriften der Zünfte über Art und Technik, Zahl der Gesellen und Lehrlinge sowie über die Abgrenzung der einzelnen Handwerke dem im Wege standen; erst als diese Schranken mit Beginn des 19. Jhs. fielen, kam es zu solchen Weiterbildungen. Der Verlag bedeutete dezentralisierten Großbetrieb, und es kam also, um zu der Form des zentralisierten Großbetriebes, also der Fabrik, überzugehen, namentlich darauf an, die Arbeitskräfte organisatorisch an einer Produktionsstätte zusammenzufassen und ihnen dann die notwendigen technischen Produktionsmittel zuzuordnen. Am meisten entwickelt waren die mechanischen Werkstätten, wie wir sie etwa im Bereiche der Eisenindustrie (Hammerwerke, Stahlöfen usw.), im Mühlengewerbe sowie im Bereiche der Fertigung optischer Geräte antreffen. Von der mechanischen Werkstatt hat die Fabrik die unzünftlerische, moderne Technik, das mechanische Produktionsverfahren übernommen, vom Verlag die Zusammenfassung einer größeren Zahl von Arbeitskräften und die grundsätzliche Trennung von dispositiver und ausführender Arbeit, die in der Manufaktur ja bereits räumlich zusammengefaßt war.

Die Fabrik in dem heutigen Sinne des Wortes hat diese Elemente der Arbeitszerlegung und -organisation, der Mechanisierung des Produktionsprozesses und der Einschaltung von menschengeschaffenen Kraftquellen vereinigt und fortgebildet.

Lütge, S. 361 f.

Arbeitsteilung als Prinzip

Text 14

Um ein Beispiel von einem wenig belangreichen Gewerbe zu geben, bei welchem man jedoch sehr oft von der Arbeitsteilung Notiz genommen hat, nämlich von der Stecknadelfabrikation, so könnte ein für dies Geschäft (woraus die Arbeitsteilung ein eigenes Gewerbe gemacht hat) nicht angelernter Arbeiter, der mit dem Gebrauch der dazu verwendeten Maschine (zu deren Erfindung wahrscheinlich dieselbe Arbeitsteilung Gelegenheit gegeben hat) nicht vertraut wäre, vielleicht mit dem äußersten Fleiße täglich kaum eine, gewiß aber keine 20 Nadeln machen. In der Art aber, wie dies Geschäft jetzt betrieben wird, ist es nicht nur ein eigenes Gewerbe, sondern teilt sich in eine Zahl von Zweigen, von denen die meisten gewissermaßen wieder eigene Gewerbe sind. Einer zieht den Draht, ein anderer richtet ihn, ein dritter schrotet ihn ab, ein vierter spitzt ihn zu, ein fünfter schleift ihn am oberen Ende, damit der Kopf angesetzt werde; die Verfertigung des Kopfes erfordert zwei oder drei verschiedene Verrichtungen; das Ansetzen desselben ist ein eigenes Geschäft, das Weißglühen der Nadeln ein anderes; ja sogar das Einstecken der Nadeln in Papier bildet ein Gewerbe für sich. So ist das wenig wichtige Geschäft der Stecknadelfabrikation in ungefähr 18 verschiedene Verrichtungen geteilt, die in manchen Fabriken alle von verschiedenen Händen vollbracht werden, während in anderen ein einziger Mensch zwei oder drei derselben auf sich nimmt. Ich habe eine kleine Fabrik dieser Art gesehen, wo nur zehn Menschen beschäftigt waren und manche daher zwei oder drei verschiedene Verrichtungen zu erfüllen hatten. Obgleich nun diese Menschen sehr arm und darum nur leidlich mit den nötigen Maschinen versehen waren, so konnten sie doch, wenn sie sich tüchtig daranhielten, zusammen zwölf Pfund Stecknadeln täglich liefern. Ein Pfund enthält über 4000 Nadeln von mittlerer Größe. Es konnten demnach diese zehn Menschen täglich über 48 000 Nadeln machen. Da jeder den zehnten Teil von 48 000 Nadeln machte, so läßt sich's so ansehen, als machte er 4800 Nadeln an einem Tage. Hätten sie dagegen alle einzeln und unabhängig gearbeitet und wäre keiner für dies besondere Geschäft angelernt worden, so hätte gewiß keiner 20, vielleicht nicht eine Nadel täglich machen können, d.h. nicht den zweihundertvierzigsten, vielleicht nicht den viertausendachthundertsten Teil von dem, was sie jetzt infolge einer geeigneten Teilung und Verbindung ihrer verschiedenen Verrichtungen zu leisten imstande sind.

In jeder anderen Kunst und jedem anderen Gewerbe sind die Wirkungen der Arbeitsteilung denen, welche dieses so wenig belangreiche Gewerbe darbietet, ähnlich.

Diese große Vermehrung in der Quantität des Erarbeiteten, die infolge der Arbeitsteilung die nämliche Zahl Leute herzustellen imstande ist, verdankt man dreierlei verschiedenen Umständen: erstens der gesteigerten Geschicklichkeit bei jedem einzelnen Arbeiter, zweitens der ersparten Zeit, welche gewöhnlich bei dem Übergang von einer Arbeit zur anderen verlorengeht, und endlich der Erfindung einer Menge von Maschinen, welche die Arbeit erleichtern und abkürzen und einen einzigen Menschen instand setzen, die Arbeit vieler zu verrichten.

Diese große, durch die Arbeitsteilung herbeigeführte Vervielfältigung der Produkte in allen verschiedenen Künsten bewirkt in einer gutregierten Gesellschaft jene allgemeine Wohlhabenheit, die sich bis zu den untersten Klassen des Volkes erstreckt. Jeder Arbeiter hat über das Quantum seiner eigenen Arbeit hinaus, welches er selbst braucht, noch einen großen Teil zur Verfügung, und da jeder andere Arbeiter sich völlig in derselben Lage befindet, so ist er imstande, einen großen Teil seiner eigenen Waren gegen einen großen Teil oder, was auf dasselbe hinauskommt, gegen den Preis eines großen Teils der ihrigen zu vertauschen.
Er versorgt sie reichlich mit dem, was sie brauchen, und sie helfen ihm ebenso vollkommen mit dem aus, was er bedarf, und es verbreitet sich allgemeiner Wohlstand über die verschiedenen Stände der Gesellschaft.

Adam Smith, Inquiry into the nature and causes of the wealth of nations, London 1776, Deutsche Ausgabe von E. Grünfeld, 3. A., Bd. 1, Jena 1923, S. 6 ff.

b) Das Herausbilden von Schwerpunktsbereichen

Schwerpunktsbereiche in England

Text 15

Wer Industrielle Revolution sagt, meint Baumwolle. Wenn wir an sie denken, sehen wir, wie die zeitgenössischen ausländischen Besucher Englands, die neue Stadt Manchester vor uns, die sich zwischen 1760 und 1830 um das Zehnfache vergrößerte (von 17 000 auf 180 000 Einwohner), in der „wir Hunderte fünf- bis sechsgeschossiger Fabriken bemerken, jede mit einem turmhohen Schornstein daneben, der schwarzen Kohlenrauch ausstößt“; eine Stadt, die ihren Namen der liberalen Wirtschaftsschule gab, welche die Welt beherrschte. Es kann keinen Zweifel geben, daß dieser Eindruck richtig ist. Zwar gründete sich die britische Industrielle Revolution keineswegs *nur* auf Baumwolle oder Lancashire oder gar Textilien, und die Baumwolle verlor ihren Vorrang nach wenigen Generationen. Dennoch war sie das Hauptelement der industriellen Umwandlung: sie schuf die Grundlage für die ersten auf Industrialisierung angewiesenen Gebiete, die eine neue Gesellschaftsform, den Industriekapitalismus, hervorbrachten, gestützt auf eine neue Produktionsform, die „Fabrik“. Andere Städte waren im Jahr

1830 zwar voll von Qualm und Dampfmaschinen, obwohl nicht entfernt in dem Maße wie die Baumwollstädte – 1838 produzierten Manchester und Salford ungefähr dreimal soviel Dampfkraft wie Birmingham –, aber sie waren, jedenfalls bis zur zweiten Hälfte des Jahrhunderts, sicherlich keine von *Fabriken* beherrschten Städte. Gewiß, auch in anderen Industriegebieten gab es umfangreiche, von proletarischen Massen betriebene Unternehmen mit eindrucksvollen Maschinen, wie die Kohlenbergwerke und Eisenwerke, doch ihre oft isolierte oder ländliche Lage, die traditionsgebundene Struktur ihrer Arbeiterschaft und ihre soziale Umgebung waren nicht typisch für die neue Ära. Die Bergleute waren und blieben großenteils Dorfbewohner, ihre Art zu leben und sich abzumühen war dem Nicht-Bergmann fremd, mit dem sie auch wenig Verbindung hatten. Die Eisenhüttenbesitzer konnten, wie die Crawshays aus Cyfartha von „ihren" Leuten politische Loyalität erwarten; ihr Verhältnis zueinander glich eher dem zwischen Gutsherren und bäuerlicher Bevölkerung als zwischen industriellen Arbeitgebern und Arbeitern. Kurz: die neue Welt des Industrialismus entfaltete sich zunächst nicht in diesen abgelegenen Gebieten, sondern in und um Manchester.

Hobsbawm, S. 55

Schwerpunktsbereiche in Deutschland

Text 16

Man war gezwungen, mit einem Schachte bei Hettstädt im Mansfeldischen tiefer zu gehen. Die hierfür projektierte neue Wasserhaltung erforderte als Kraftquelle zu ihrem Betriebe mehr als 100 Pferde. Die hohen Unterhaltungskosten solcher Pferdeherden machten die Ausführung einer „Roßkunst" unmöglich. Für eine „Radkunst" war Wasser in genügender Menge am Ort nicht vorhanden. Es aus großer Entfernung hinzuleiten, hätte ungeheure Kosten verursacht. So blieb nur noch der Vorschlag des Bergassessors Bückling, eine Dampfmaschine zu verwenden, zur Berücksichtigung übrig. Da sie im eigenen Lande erbaut werden sollte, wurde Bückling auf Spezialbefehl des Königs nach England gesandt, wo er „so glücklich war, die Boultonsche Feuermaschine, deren Mechanismus die französischen, nach London geschickten Akademisten vergebens zu erforschen bemüht gewesen sind, genau zu untersuchen und ihren Mechanismus sowohl, als das Verhältnis aller ihrer Teile sorgfältig zu berechnen". Nach seiner Rückkehr baute Bückling ein Modell der Feuerkunst im Maßstab von 1 1/2 Zoll auf 1 Fuß, das seine vorgesetzte Behörde von der Möglichkeit der Ausführung überzeugte; 1783 wurde der Befehl zum Bau der Feuermaschine erteilt. Die Arbeiten dafür wurden auf die verschiedenen Werke verteilt. Der Dampfzylinder wurde in dem Königlichen Gießhause in Berlin gegossen, „aus dem Kerne gebohrt und inwendig sehr sauber poliert". Die Kolbenstange und andere größere Schmiedeteile lieferte ein oberschlesischer Eisenhammer. Die Gußteile stammten aus Zehdenik in der Mark Brandenburg. Der Königliche Kupferhammer bei Neustadt-Eberswalde fertigte den Dampfkessel an, die Pumpen entstanden im Harz in Ilsenburg und Mägdesprung, den hölzernen

Banlancier nebst Zubehör stellte man auf dem Schachte selbst her. Die ganze preußische Monarchie arbeitete an der Fertigstellung ihrer ersten Dampfmaschine. Am 23. August 1785 wurde das Werk in Gegenwart des Ministers v. Steinitz, des Oberbergrates v. Reden und des Bergassessors Bückling in Betrieb gesetzt.

Conrad Matschoss, Geschichte der Dampfmaschine, 2 Bde. (1908), aus: Kuczynski, S. 24

Unterschied zwischen Westen und Osten

Text 17

Wenn so im Westen Deutschlands die natürlichen und historischen Bedingungen für die technisch-wirtschaftliche Entwicklung des 19. Jahrhunderts günstig waren, so war es doch ein empfindlicher Mangel, daß die Maschinenfabriken fehlten: alle Maschinen für die Spinnereien und Webereien wurden in England hergestellt, man konnte sie außerdem nur noch aus den Werken Cockerills beziehen. Die Lage der Textilfabriken aber und die Aussichten für dic technische Entwicklung verschlechterten sich, je weiter man nach dem Osten gelangte. Dort waren zwar in der preußischen Monarchie die Handelsstädte während des 18. Jahrhunderts emporgewachsen; mit Breslau oder Berlin konnte sich im alten, zersplitterten Deutschland keine Stadt messen. Aber das gewerbliche Leben des Ostens war noch gebunden. Wirtschafts- und Rechtsordnung trugen dort trotz der von Stein und Hardenberg versuchten Reformen noch alle Kennzeichen der feudalistischen Vorzeit. Auch fehlte es an Kapital, an Initiative, an Liebe zur Sache und an Bildung. Höchstens das Königreich Sachsen machte da eine Ausnahme, nicht dagegen die preußische Hauptstadt. Denn die Berliner Aufklärung und Intelligenz bewegte sich in der Kaufmannschaft und in den akademischen Berufen; die Textilbetriebe waren zahlreich, aber klein. Die Umstellung von der Wolle zur Baumwolle war zwar reibungslos geglückt, auch durfte Cockerill 1817 in einer solchen Fabrik seine Dampfmaschine von 12 PS aufstellen. Im übrigen waren Hof und Regierung nicht geneigt, ohne Not das Anwachsen der Hauptstadt zuzugeben: man wußte, welche Rolle die Arbeitervorstädte von Paris in der großen Revolution gespielt hatten. Jedenfalls waren die kümmerlichen Weber und ihre ungebildeten Dienstherren nicht der erwünschte Zuwachs der Residenz. Man kannte sie aus Thüringen und aus der Provinz Sachsen, wo die Fabrikanten sich damit begnügten, billige und gangbare Waren für das Landvolk herzustellen. Dieses aber war schon gewohnt, sich in Musselin und Druckkattun zu kleiden, und die Fabrikanten boten ihnen manch wohlfeiles und gefälliges Muster. Sie waren meist in der Zeit der Kontinentalsperre aus dem Stande der Weber aufgestiegen und in Gesinnung und Lebensart Handwerker geblieben. Sie hatten genug zu tun, wenn sie die Dessins immer wieder wechselten und sich im Volke umtaten; sie hatten nicht Zeit für persönliche Bildung und technische Neuerungen. Der Einführung von Maschinen waren sie abgeneigt, kaum daß sie jemals in ihrem Leben ihre Heimat verlassen hatten. Nur in wenigen Fällen griffen tüchtige und vermögende Kaufleute in die Fabrikation hinüber. Ganz schlimm aber standen die Dinge in Schlesien, diesem Lande der Leinenweber, die in Heimarbeit produzierten. Ihre alten Absatzgebiete waren ihnen durch die Kontinentalsperre genommen; den Kampf mit den Engländern konnten sie jetzt nicht aufnehmen, obwohl ihre Ware von bester Qualität war. Aber trotz dürftigster Entlohnung vermochten sie nicht so billig zu arbeiten wie die Maschine, und wenn sie Maschinen einführten, wurde der größere Teil der Heimarbeiter erwerbslos. Der „Fabrikantengeist" fehlte hier zunächst völlig. Das schlesische Gewerbe war gekennzeichnet durch handwerksmäßigen Kleinbetrieb: von den vielen Papiermühlen arbeiteten die wenigsten mit zwei Bütten, die zahlreichen Tabakfabriken beschäftigten nur eine geringe Arbeiterzahl.

Überhaupt lagen die Ansatzpunkte der industriellen Entwicklung im Osten an ganz anderer Stelle als im Westen Deutschlands. Das rheinisch-westfälische Wirtschaftsleben baute sich auf der Gunst der Verkehrslage und auf den Mineralschätzen auf und knüpfte vielfach, wie in Köln, an den alten Großhandel an, der bisher die Rohstoffe hergeführt hatte und nun zur Verarbeitung bald auch zur eigenen Gewinnung der Ausgangsstoffe überging: wir sprachen von der Rolle der Eisenhändler und der Wollhändler, auch die Kohlenhändler werden noch zu erwähnen sein. Die ostdeutsche Industrie ist nicht minder organisch erwachsen, sie blieb noch lange gekennzeichnet durch ihren ländlichen Charakter: die Fabriken erstanden aus dem Gutsbesitz und den von ihm gelieferten Rohstoffen. Eine charakteristische Erscheinung unter den frühen Großunternehmern und Fabrikanten dieser Art war der Magdeburger Johann Gottlob Nathusius, der sein im Handel erworbenes Vermögen in Grundbesitz anlegte und auf ihm die dazu gehörigen Fabriken errichtete – also Tabak-, Zucker-, Spritfabriken, Bierbrauereien und Mühlen, Ziegeleien und eine Steingutfabrik. So wurde er in napoleonischer Zeit ein Pionier der deutschen Industrie. Er hat dann auch noch eine Maschinenfabrik angegliedert, in der er Dampfmaschinen baute; ein Zentralbüro vereinigte die Verwaltung aller Teile der weitverzweigten Produktion. Die Zeitgenossen bewunderten das „ungeheure Werk", das außer fremden Tabakblättern und rohen Metallen nichts kaufen brauchte, sondern Selbstgewonnenes verarbeitete.

Schnabel, S. 54

c) Der Initiator Unternehmer

Erfindung und Innovation

Text 18

Die Begriffe „Erfindung" (*invention)* und „Innovation" lehnen sich an die Definitionen von Abbott Payson Usher und Joseph A. Schumpeter an. Entscheidend für Ushers Auffassung der Erfindung ist ein „Akt der Erkenntnis", der über die Ausübung einer normalen technischen Fertigkeit hinausgeht, wobei zusätzliche Leistungen (das Wahrnehmen eines Problems, die Einordnung in einen Zusammenhang und die kritische Überprüfung) keineswegs übersehen werden. Schumpeter definierte Innovation als „die

Durchsetzung neuer Kombinationen". Auf die Technik bezogen heißt das: eine Erfindung in die Praxis umsetzen und sie kommerziell nutzen. Schumpeter unterschied seinen Begriff der Innovation nachdrücklich von dem der Erfindung: „Die Funktion des Erfinders und die des Unternehmers fallen nicht zusammen. Erfindungen bleiben ökonomisch irrelevant, solange sie nicht in die Praxis umgesetzt sind. Technische Verbesserungen wirksam werden zu lassen ist eine ganz andere Aufgabe, als sie zu erfinden, und erfordert ganz andere Fähigkeiten. Der Unternehmer *kann* auch Erfinder sein, ebenso wie er auch Kapitalist sein kann und umgekehrt, aber grundsätzlich nur zufälligerweise; es liegt nicht im Wesen seiner Funktion ... Daher ist es ungerechtfertigt und vielfach irreführend, wenn das Element der Erfindung von vielen Autoren so stark betont wird."

Braun/ Fischer / Großkreutz / Volkmann, S. 139

Das organisierte Unternehmertum **Text 19**

Daraus ergeben sich nun aber im einzelnen Wesen und Art der *Tätigkeit des kapitalistischen Unternehmers* (oder seines Remplaçant). Diese ist nämlich stets wie ersichtlich eine disponierend-organisierende. Damit ist gemeint, daß sie im wesentlichen gerichtet ist auf die Inbeziehungsetzung anderer Personen. Dem Wesen kapitalistischer Organisation völlig fremd ist die höchst persönliche, individuell-isolierte Werkschöpfung des einsamen Arbeiters. Es ist die Eigenart künstlerischen oder wissenschaftlichen Vollbringens, daß es die Menschen flieht. Und von diesem Hang alles Schöpferischen zur Einsamkeit hat sich der Handwerker noch ein gut Teil bewahrt: am letzten Ende beruht sein bestes Vollbringen in der Mitteilung seiner Persönlichkeit an den toten Stoff. Während hingegen der kapitalistische Unternehmer in der Einsamkeit notwendig verkümmern müßte, weil er vom Kommerzium lebt. In diesem Angewiesensein auf die unausgesetzte Verknüpfung von Menschen untereinander liegt die spezifisch gesellschaftsbildende Kraft der kapitalistischen Unternehmung. Man kann sie daher auch als Verkehrsunternehmung, die von ihr beherrschte Wirtschaftsweise füglich als Verkehrswirtschaft bezeichnen.

Die Tätigkeit des kapitalistischen Unternehmers ist aber weiter rationalistisch. Die Rationalisierung der Wirtschaft erfolgt nach drei verschiedenen Richtungen hin und stellt sich damit in einem dreifach verschiedenen Geschäftsverfahren dar; wie es der entwickelten kapitalistischen Unternehmung dreifach eigen ist. Der ökonomische Rationalismus äußert sich:

1. in der Planmäßigkeit der Wirtschaftsführung,
2. in der Zweckmäßigkeit,
3. in der Rechnungsmäßigkeit. Diese erfordert eine kalkulatorisch-spekulative Tätigkeit. Das Symbol dieser Wirtschaftsform ist das Hauptbuch: ihr Lebensnerv liegt in dem Gewinn- und Verlustkonto. Im Konto: im Rechnen. In der Übersetzung jedes Phänomens in das Ziffernmäßige, im Aufrechnen und Gegenrechnen, in der nackten Geldwertung jeder Leistung. Die Idee einer notwendigen Kongruenz zwischen Leistung und Gegenleistung ist damit

in die Welt gekommen. Wir können diese Seelenveranlagung, die solchem Verhalten zugrunde liegt, die Rechenhaftigkeit nennen. Aber das Rechnen des kapitalistischen Unternehmers ist bei der Mannigfaltigkeit der Beziehungen, die er in seinem Geschäftsinteresse knüpfen muß, oft genug ein Rechnen mit unbekannten Größen. Das macht seine kalkulatorische Tätigkeit zu einer spekulativen. Es ist eine ganz eigenartige psychologische Mischung, die durch das Nebeneinander von Kalkulation und Spekulation, von Verstandesschärfe und Phantasiefülle oft genug in einem und demselben Individuum entsteht. Der schöpferische Unternehmer ist der spekulative Kopf: der Synthetiker, der sich zum Durchschnittsunternehmer, dem bloßen Kalkulator, wie der geniale Denker zum gelehrten Routinier verhält. Einseitige spekulative Veranlagung erzeugt dann die John Law, Pereire und Lesseps: die Byron unter den kapitalistischen Unternehmern. Die höchste Blüte des Unternehmertypus stellen solche Persönlichkeiten dar, in denen die Genialität der Spekulation mit der Nüchternheit des rechnerischen Sinnes die Wage hält: H.H. Meier, Alfred Krupp, Werner Siemens.

Sombart, S. 70

Typen und Entwicklungskräfte

Text 20

Auf die Gefahr hin, daß die Vorsicht als Rückschritt erscheint, mag es also erlaubt sein, nach den Ausgangsstellungen zum unternehmerischen Wirken folgende fünf ursprüngliche, „primäre" Herkunftstypen (also im Redlichschen Sinne soziologische Typen) des Industrieunternehmers zu unterscheiden: 1. feudale Grundbesitzer, 2. bürgerliche Gewerken, Fabrik- und Geschäftserben und bäuerliche Hofgutserben, 3. Kaufleute und Bankiers, 4. Handwerker und Techniker und 5. Forscher. Dabei handelt es sich um eine ausgesprochene Realtypologie mit zeitlicher Begrenzung zunächst auf das 19. Jahrhundert. Die beiden ersten Gruppen stellen eigentliche Herkunftskategorien, die dritte bis fünfte mehr Werdegangskategorien dar. Die Beispiele für diese Gruppen müssen hier leider aus Raumgründen aufs äußerste beschränkt werden. Das landwirtschaftliche Unternehmertum als solches muß auch hier außer Betracht bleiben, das industrielle in den Vordergrund treten.

. . . . .

Alle bedeutenden Namen primärer Unternehmer lassen sich in diese Herkunftstypen nicht einordnen. Wie überall gibt es auch hier den Fall des Außenseiters, der sich kaum einordnen läßt. So war der Hauptbegründer der Badischen Anilin- und Sodafabrik, der Bierbrauerssohn Friedrich Engelhorn, selbständiger Goldarbeiter und wurde ohne Erbe und ohne einschlägige Vorbildung zum Gründer einer chemischen Industrie.

Die verschiedenen Gruppen finden sich in den einzelnen nichtagrarischen Wirtschaftszweigen vermischt vor, jedoch natürlicherweise mit besonderen Schwergewichten, wie bei der Maschinenbau- und chemischen Industrie angemerkt . . .

Selbstverständlich gilt die hier gewählte Typengliederung nach der Herkunft ohnedies nicht für das ganze unternehmerische Lebenswerk, für den gesamten persönlichen Wirtschaftsstil weiter. Hier ist es in der Praxis oft unmöglich, auch nur die drei Unternehmertypen auseinanderzuhalten, die W. Sombart als letztes Gliederungsprinzip noch 1928 im 3. Band seines modernen Kapitalismus herausgestellt hat: den Fachmann, den Kaufmann und den Finanzmann. Sombart selbst räumte ein, daß diese Typen meist gemischt vorkämen. Es gibt Fälle, wo ein voll ausgebildeter Ingenieur sich ausgesprochen als Kaufmann und ein gelernter Kaufmann sich als technischer Erfinder einen Namen gemacht hat.

Karl Erich Born, Moderne deutsche Wirtschaftsgeschichte, Köln 1966, S. 30

Der Unternehmer als Träger der wirtschaftlichen Dynamik **Text 21**

Das wenige biographische Anschauungsmaterial läßt immerhin erkennen, welch große Einkommens- und Besitzveränderungen durch die Fabrikindustrie sich auf der Landschaft ergeben. Die Bedeutung dieser Veränderungen tritt erst voll zutage, wenn die neuen Funktionen und Wirkungsmöglichkeiten der Besitzverhältnisse in Rechnung gestellt werden. Als Dienstherren werden die Fabrikbesitzer zu Schöpfern einer Ordnung, die – ohne staatliche Mithilfe und teilweise gegen bestehendes Recht verstoßend – nicht nur Verhaltensnormen im Arbeitsbereich festlegt, sondern bis in die Sphäre des intimsten Familienlebens der Fabrikarbeiter eindringt. Das Herrschafts- und Abhängigkeitsverhältnis und die Autoritätsstruktur der Fabrik greift auf das soziale und politische Leben der Gemeinde über. In der Kommunalpolitik sind die Fabrikherren – obgleich manche ja durch die Standortverlagerungen ihrer Betriebe Ortsfremde sind – bald die unumschränkten Herren und spannen die Arbeiter – oft mit recht fragwürdigen Mitteln – in ihre Interessenpolitik ein. Gerade in der Kommunalpolitik gibt es für die Fabrikherren vitale Interessen zu wahren: Aussperrung von Konkurrenzindustrie durch Verweigerung der Wasserrechte, Straßenbau, Verkehrsfragen, Energiewirtschaft, Schulprobleme usf. Auf der kommunalpolitischen Ebene spielt auch die Abkömmlichkeitsfrage als Abgeordneter eine untergeordnete Bedeutung. Auf kantonaler Ebene gelangen die Fabrikbesitzer gleichfalls früh zu Einfluß und Macht. Aus ihrem Kreise kommen vorwiegend jene liberal-fortschrittlichen Kräfte, welche die Restaurationsregierung 1830 zu Fall bringen. Ein Jahrzehnt später helfen allerdings die Fabrikbesitzer mit, die liberale Regenerationsregierung durch einen neuen Putsch zu stürzen. Die Beschränkung der Kinderarbeit in den Fabriken im Zusammenhang mit einem neuen Schulgesetz ruft diese Opposition hervor. Sie zwingen ihre Arbeiter, mit Petitionen gegen diese Fabrikverordnungen an die Regierung zu gelangen. Immer mehr vergessen die Fabrikherren ihre revolutionäre Vergangenheit und werden zu Bleigewichten des sozialpolitischen Fortschrittes. Später absentieren sie sich auf kantonaler und nationaler Ebene mehr und mehr von der direkten politischen Einflußnahme als Parlamentarier; sie wirken durch ihre Verbände und parlamentarischen Verbandsvertreter.

Schon sehr früh dringt ins gesellschaftliche Bewußtsein die Erkenntnis, welch wichtige Funktion und mächtige Stellung dem Fabrikbesitzer in Gesellschaft und Staat zukommt. „Die Mächtigen dieser Zeit, das sind die Industrieherren", bekennt Pfarrer Hirzel, Glied einer alten Patrizierfamilie, 1853 in einem Vortrag. Schon sehr früh werden auch in den Berichten die Fabrikbesitzer mit „Herren Fabrikbesitzer", „Fabrikherren" oder auch nur mit „Herren" angesprochen, ein Titel, der im ancien régime nur den Stadtbürgern zustand. Häufig tauchen auch in den zeitgenössischen Quellen pseudo-feudale Titel wie „Spinnerkönig", „Textilbaron" oder „Spinnerfürst" auf. Dies zeigt klar, wie unternehmerische Leistungen eine gesamtgesellschaftliche Anerkennung erhalten und – mittelbar wie unmittelbar – zum Vehikel sozialer Aufwärtsmobilität werden.

Bürgerlich-philanthropische Sozialreformer sind deshalb bestrebt, diesen neuen Herren ein – ihrer Position in Gesellschaft und Staat entsprechendes – Ethos und Verantwortungsgefühl einzupflanzen. Getragen sind diese Bemühungen vom Glauben an die Selbstheilungskraft der Gesellschaft. Dazu gesellen sich romantisch-rückwärtsorientierte Vorstellungen von der Gesellschaft als ständischem Organismus mit patriarchalen Recht-Pflicht-Verhältnissen. Dem Fabrikbesitzer wird die Funktion eines Vaters und Volkserziehers zugewiesen. Das ganze Konzept fußt auf vorindustriellen Wertnormen und reaktiviert teilweise gottgegebene und -gewollte Ständegliederungen. Im Anschluß an den genannten Vortrag von Hirzel gibt ein Diskussionsredner folgendes Votum ab: „Herr Pfarrer Hirzel hat gezeigt, was für Gefahren für die Republik von der Unterwürfigkeit vieler Arbeiter unter einen Herrn herkommen. Aber wir wissen, daß Unterthänigkeit auch eine gesegnete sein kann. ‚Ihr Knechte seid gehorsam Euerm Herrn.' Diese Unterwürfigkeit in der Fabrik, diese Gliederung ist auch eine Schule für die Republik, indem sie gehorchen lehrt und dem Fabrikant zeigt, wie schwer es sei, ein Land zu regieren."

Braun/Fischer/Großkreutz/Volkmann, S. 103

d) Der Produktionsfaktor Kapital

Der Begriff „Kapital"

Text 22

Kapitalismus heißen wir eine Wirtschaftsweise, in der die spezifische Wirtschaftsform die *kapitalistische Unternehmung* ist. Kapitalistische Unternehmung aber nenne ich diejenige Wirtschaftsform, deren Zweck es ist, durch eine Summe von Vertragsabschlüssen über geldwerte Leistungen und Gegenleistungen ein Sachvermögen zu verwerten, d.h. mit einem Aufschlag (Profit) dem Eigentümer zu reproduzieren. Ein Sachvermögen, das solcherart genutzt wird, heißt Kapital. Die konstitutiven Merkmale des Begriffs unserer Wirtschaftsform finden wir zunächst in der Eigenart der Zwecksetzung. Es fällt auf, daß der gesetzte Zweck nicht durch irgendwelche Beziehung auf eine lebendige Persönlichkeit bestimmt wird. Vielmehr rückt ein Abstraktum: das Sachvermögen von vornherein in den Mittelpunkt der

Betrachtung. Diese Loslösung der Zwecke unserer Wirtschaftsform von der leiblich-individuellen Persönlichkeit des Wirtschaftssubjektes ist wohlbedacht. In ihr soll die Abstraktheit des Zweckes selbst und damit seine Unbegrenztheit sofort als das entscheidende Merkmal der kapitalistischen Unternehmung zum Ausdruck gebracht werden.

Es ist vor allem wichtig, zu erkennen, daß für jegliche in ihr entfaltete Tätigkeit nicht mehr der quantitativ und qualitativ fest umschriebene Bedarf einer Person oder einer Mehrheit von Menschen richtunggebend wirkt, daß vielmehr Quantum und Quale der Leistungen einer kapitalistischen Unternehmung nur noch unter dem unpersönlichen Gesichtspunkt einer Verwertung des Kapitales betrachtet werden dürfen. In der Überwindung der Konkretheit der Zwecke liegt die Überwindung ihrer Beschränktheit eingeschlossen. Die Zwecke der kapitalistischen Unternehmung sind abstrakt und darum unbegrenzt. *An diese elementare Einsicht ist jedes Verständnis für kapitalistische Organisation (und damit moderne Wirtschaft) gebunden.* Indem wir diese fundamentale Eigenart der kapitalistischen Unternehmung feststellen, wird ersichtlich, daß wir sie als den vollendetsten Typus einer Erwerbswirtschaft charakterisieren.

Sombart, S. 67

Text 23

Wenn wir die Jahre zusammenstellen, in denen die Zahl der neugegründeten Aktiengesellschaften größer als 100 war und gleichzeitig das durchschnittlich pro Gesellschaft angelegte Kapital größer als 1 Million Mark, erhalten wir folgende Jahresgruppen:

1871 bis 1873	1895 bis 1900
1888 bis 1890	1904 bis 1914

Die erste Jahresgruppe fällt in die Zeit des Höhepunktes der freien Konkurrenz und des Freihandels, die in Deutschland zusammenläuft mit der Phase, in der die Bourgeoisie mit durch Raub prall gefülltem Säckel die ersten Früchte nationaler Einigung genießt. Daß in einer solchen Zeit den Kapitalisten der Kamm schwillt und sie tollkühn zur Bildung immer neuer Aktiengesellschaften übergehen, ist nicht erstaunlich. Die zweite Jahresgruppe fällt in eine Phase, die wir die letzten Jahre des Kapitalismus der freien Konkurrenz nennen können, in der die Truste, Kartelle und andere monopolartige Gebilde das Wirtschaftsbild noch nicht beherrschen, in der große Betriebe, ohne schon monopolartigen Einfluß zu haben, der Wirtschaft ein bestimmtes Gepräge geben, und in der die Früchte der nationalen Einigung noch eine relativ gesunde Frische haben. Die dritte Jahresgruppe ist die Phase, in der die deutsche Wirtschaft sich definitiv in eine monopolistische, imperialistische umwandelt, in der sich die Struktur des deutschen Kapitalismus so grundlegend ändert, daß wir feststellen können: er tritt in das Stadium des Imperialismus. Die Jahre von 1904 bis 1914 genügen, um diese Verwandlung zu vollenden und Deutschland als ein hochmonopolisiertes Land in den Ersten Weltkrieg gehen zu lassen.

Kuczynski, Bd. 3, S. 11

Die Kapitalbildung

Text 24

Auf diese Frage kann im übrigen eine einfache Antwort gegeben werden, und zwar aufgrund des erdrückenden Übergewichts der Selbstfinanzierung. Die Unternehmen erhöhten ihr Kapital durch die sofortige, regelmäßige, sozusagen automatische Reinvestierung (*ploughing back)* des größten Teils oder sogar der Gesamtheit ihrer Profite. Diese Erhöhung ging sehr schnell vor sich, und sie erlaubte eine gleichermaßen rasche Ausweitung der Anlagen und der Produktion. So wurde der wichtigste Teil des für die Expansion erforderlichen zusätzlichen Kapitals durch Eigenmittel der Industrie, d.h. Ersparnisse der Industriellen, bereitgestellt. . .

Die allgemeine Praxis der systematischen Reinvestierung der Gewinne steht natürlich in enger Verbindung mit einer besonderen Mentalität: Sie erklärt sich zu einem großen Teil aus der Genügsamkeit der Pioniere der Industriellen Revolution. Diese kamen oft aus bescheidenen Verhältnissen und waren ebenso hart sich selbst wie anderen gegenüber. Sie führten weiterhin – völlig in ihren Geschäften aufgehend – das sehr einfache Leben, an das sie von ihren Anfängen her gewöhnt waren; ihre strikte persönliche Sparsamkeit, ihre strenge Enthaltsamkeit maximierte ihre Gewinne. Jedes Jahr zogen sie nur einen geringen Teil ihrer Profite aus dem Geschäft ab, um ihre persönlichen Ausgaben zu bestreiten, oder aber sie gewährten sich ein bescheidenes Entgelt, das den Lohn eines qualifizierten Arbeiters kaum übertraf. Der Fall der Brüder Walker hat in dieser Hinsicht Berühmtheit erlangt: Diese gestanden sich anfänglich 10 s. als Wochenlohn zu, und erst 1756, fünfzehn Jahre nach der Gründung ihres Unternehmens, schütteten sie eine erste Dividende von 140£, d.h. ganzen 2,5 % des Eigenkapitals der Firma, aus. Diese Jahresdividende wurde später erhöht, nahm jedoch langsamer als das Kapital zu: 1768 betrug sie 700 £, d.h. 1,8 % des Kapitals. . .

Jedoch sollte die Genügsamkeit der Industriellen auch nicht überbewertet werden. Sobald sich ihre Unternehmen entwickelt haben und sie zu Reichtum gelangt sind, lockert sich diese Haltung fast immer: Mehr Kapital wird aus dem Betrieb gezogen, der Lebensstil wird aufwendiger, bald kaufen einige sich Ländereien und lassen sich stattliche Wohnsitze bauen . . . So berichtet P. Mathias, daß die großen Brauereiunternehmer sich nicht an die vereinbarten Sätze hielten und beträchtliche Summen aus ihren Betrieben abzogen. . .

Dennoch mußten sich viele Unternehmen um externes Kapital für ihre Expansion bemühen. Sie hatten in diesem Fall die Wahl zwischen mehreren Methoden. Die erste bestand darin, einen neuen Gesellschafter ins Geschäft zu nehmen. Sie war einfach, brachte jedoch schwerwiegende Nachteile mit sich, vor allem für so autokratische Individualisten wie die Unternehmer während der Industriellen Revolution: Streitigkeiten um die Leitung der Firma und die Verteilung des Gewinns waren mögliche Folgen. . .

Wesentlich öfter griffen die Unternehmer auf eine andere Form der Kapitalbeschaffung zurück: die Anleihe. Gegen Hypothek, *bond* oder *note of hand* erhielten sie Mittel von Verwandten oder Freunden, von Juristen oder durch deren Vermittlung, von anderen Industriellen oder schließlich von Kaufleuten, mit denen sie in Geschäftsverbindung standen. Normalerweise sollten diese Anleihen nur vorübergehend sein, es kam jedoch vor, daß sie praktisch permanenten Charakter erhielten. Zum dritten konnten die Unternehmen die Hilfe von Banken in Anspruch nehmen... Einerseits übernahmen zahlreiche Industrielle anscheinend zusätzlich Bankgeschäfte: Sie gründeten entweder eine eigene Bank oder schlossen sich mit Bankiers zusammen...

Weiter gewährten die Provinzbanken... den Industriellen bedeutende Kredite – allerdings grundsätzlich nur kurzfristig. Langfristig konnten sie ihre Mittel nicht vergeben, und zwar aus Liquiditätsgründen, wegen der Knappheit der eigenen Mittel, wegen der Probleme, die aus der unbeschränkten Haftung sowie der Konkursordnung erwuchsen, und schließlich wegen der gesetzlichen Beschränkung des Zinssatzes, die das freie Kapital der Banken in Staatspapiere fließen ließ. Die Banken betrachteten Fabriken als „schlechte Sicherheiten", und einige machten es sich zum strengen Prinzip, auf Fabriken nie Hypotheken zu gewähren. Infolgedessen bestanden die wichtigsten Finanzierungshilfen der Banken für die Industrie in der Wechseldiskontierung sowie in der Gewährung von in der Höhe begrenzten, kurzfristigen Kontokorrentkrediten. Auf diese Weise sorgten die Banken für Umlaufkapital und erlaubten den Unternehmen, einen größeren Teil der Eigenmittel in Fixkapital zu immobilisieren.

Außerdem kam es vor, daß sich diese kurzfristigen Kredite nach einer gewissen Zeit in langfristige umwandelten – sei es, daß sie über eine lange Periode hinweg ständig erneuert wurden, sei es, daß ein Kontokorrentkredit durch ein langfristiges Darlehen konsolidiert wurde. Wie P. Mathias schreibt, war dies das übliche Schicksal von Bankkapital, sobald es in die Hände von Industriellen geriet.

Braun/Fischer/Großkreutz/Volkmann, S. 178 ff.

Text 25

Mit einem gewissen Recht, scheint es mir, sprechen manche Historiker von 1856 und den vorangehenden Jahren als „ersten Gründerjahren". Jetzt entwickelt sich wirklich das, was Engels als eine Begründung für die Charakterisierung der Zeit nach 1849 als „ökonomische Revolution" gibt, eine Großindustrie.

Und zwar entsteht sie zunächst in der Schwerindustrie – Bergbau und Hüttenwesen –, auf die 1859 fast drei Viertel alles projektierten Aktienkapitals entfallen, und in der Textilindustrie mit 15 Prozent; die nächste Industrie ist die Maschinenindustrie mit 2,5 Prozent des Aktienkapitals.

In diesem Jahre 1856 erklärte einer der führenden Bourgeois, Mevissen: „Die Vereinigung von Kapital und geistigen Kräften auf dem Gebiet der Industrie in der Form der Aktiengesellschaft ist mehr und mehr zu einem hervorragenden Moment der Gegenwart geworden." Ja, er sieht in der Aktiengesellschaft geradezu eine neue Wirtschaftsform: „Sie springt gleichzeitig als Resultat der Zustände in Europa und Amerika in allen Staaten, welche dem großen Werke des materiellen Fortschritts huldigen, hervor, sie etabliert gewissermaßen die Genossenschaft neu auf den Trümmern einer untergegangenen Periode." Und historisch rückblickend auf dieses Wundergebilde einer neuen Bourgeoisiewelt stellt er fest: „Die neuesten Schöpfungen der modernen Zeit, die Eisenbahn- und Dampfschiffahrten, verbunden mit den einer älteren Periode angehörigen Banken und Versicherungsgesellschaften waren es, die zunächst in die Form der Aktiengesellschaft eingegossen wurden. Von diesen Gebieten aus hat sich diese Form sukzessive einer Reihe von Industriezweigen, in denen das Kapital die Hauptrolle, die individuelle Tätigkeit und Fähigkeit die Nebenrolle spielt, bemächtigt und strebt, in der Domäne der Industrie weit und weiter vorzudringen."

Kuczynski, Bd. 2, S. 25

Das Bankwesen

Text 26

Das Bankwesen erfuhr um die Mitte des Jahrhunderts eine Ausgestaltung und teilweise Umwandlung. Es wurden mehrere *Notenbanken* begründet, die neben der alten und durchaus im Vordergrund stehenden Königlichen Bank (Preußischen Bank) in Berlin Noten ausgaben, so der Kassenverein in Berlin, die Ritterschaftliche Privatbank in Stettin, die Bayerische Hypotheken- und Wechselbank in München, die Leipziger Bank, die Anhalt-Dessauische Landesbank usw. Führend blieb als Notenbank aber doch die Preußische Bank, deren Kapital laufend erhöht wurde und die 1856 das Recht der unbeschränkten Notenausgabe erhielt und sich auch 1866 den an sie herantretenden Kriegsaufgaben gewachsen zeigte. Als man 1873 zur Neuordnung des Notenbankwesens schritt, gab es in Deutschland insgesamt 33 ausgabeberechtigte Institute und 114 verschiedene Arten von Papiergeld. Das ist insofern charakteristisch, als in der ersten Hälfte des 19. Jhs. die privaten Banken das Schwergewicht in der Notenausgabe suchten (daher auch „Zettelbanken" genannt), während der Giro- und Kontokorrentverkehr noch unentwickelt war und damit auch die Kreditvermittlung. Erst um die Jahrhundertwende entstanden Banken neuen Typs, die man als *Industriebanken* oder Wirtschaftsbanken bezeichnete und die ihre Hauptaufgabe in der Kreditbeschaffung für industrielle und andere wirtschaftliche Aufgaben, namentlich im Gründungsgeschäft sahen. So entstanden 1848 der Schaffhausensche Bankverein, 1851 die Disconto-Gesellschaft, 1853 die Bank für Handel und Industrie (Darmstädter Bank), 1856 die Berliner Handels-Gesellschaft, also alle bekannten, später teilweise fusionierten Großbanken, denen dann 1870 noch die Deutsche Bank und die Commerz- und Privatbank folgten.

Lütge, S. 376

Neue Wirtschaftsgesinnung

Text 27

Auch der Geist der Wirtschaft wurde durch jenen „Effektenkapitalismus" verändert. Das kapitalistische Interesse an den Dividenden der Unternehmung, am Unternehmergewinn, „demokratisierte" sich, da immer weitere

Kreise sich am Erwerb von Wertpapieren und Aktien beteiligten. Dem gegenüber konzentrierte sich die wirtschaftliche und technische *Führung* der Unternehmen in manchen Teilen der Industrie in den Händen weniger Großunternehmer. Diese begannen sich als Verwalter eines *„versachlichten"*, die Generationen überdauernden Interesses an der besten Verwertung des im Werk steckenden Kapitals zu betrachten: sie schafften am ständigen Wachstum des *Werkes.* Dieses wurde mehr und mehr zum *Selbstzweck* des Unternehmerstrebens und drängte das Gewinnstreben, die Dividendeninteressen der Aktionäre zurück. Diese „Versachlichung" des Unternehmerinteresses und der Gedanke der Werkfortsetzung gab namentlich der neuen Großindustrie ihr Gepräge: der chemischen und elektrotechnischen Industrie, dem Großbergbau und der eisenschaffenden Industrie.

Die *Technik* der Industrie erfuhr in den meisten Industriezweigen erst nach 1870 eine grundsätzliche Änderung. Erst jetzt setzte sich die Abwendung von der Empirie, von der bevorzugten Anwendung der aus *praktischer Erfahrung* gewonnenen Erkenntnis durch, und an ihre Stelle trat die planmäßige Verwendung der systematischen wissenschaftlichen Forschung. Neben der rationalen Technik, die auf technischen Hochschulen gepflegt wurde, entwickelte sich die „rationale Betriebsführung", die nach 1900 sich zur sogenannten „wissenschaftlichen Betriebsführung" (scientific management) zuspitzte. Dazu geriet jetzt der Grundsatz der englischen Freiwirtschaft, der sich überallhin verbreitet hatte, das Dogma von der freien Konkurrenz ins Wanken: in Kartellen, Konzernen, Trusts kam eine neue Form des aus der kapitalistischen Frühzeit bekannten *Monopolkapitalismus* auf, der freilich in den angelsächsischen Ländern bis in unsere Tage starkem Widerstand begegnete. Diesem Prozeß entsprachen die Zusammenschlüsse der Arbeiter und Arbeitgeber zu großen Arbeitsmarktparteien, entsprach auch die Herausbildung eines neuen Unternehmertyps, der vorwiegend wirtschafts*politisch* orientiert war, seine wirtschaftlichen Interessen nun stark durch Einfluß auf die Politik zu vertreten suchte.

Michel, S. 81

e) Die Entwicklung des Verkehrswesens

Text 28

So wenig eine unvollkommene Flußschiffahrt die Lateralkanäle überflüssig macht, so wenig schließt ein Kanal die Anlegung einer mit ihm parallellaufenden Eisenbahn aus, vorausgesetzt, daß der zu erwartende Verkehr bedeutend ist. Beide arbeiten einander vielmehr in die Hände. Die Eisenbahn, indem sie den Personen- und Briefverkehr mit größerer Schnelligkeit, Bequemlichkeit und Wohlfeilheit betreibt, bringt die Menschen unter sich mit den Dingen in Verbindung, vermehrt und erleichtert die Unternehmungen und Betreibung der Geschäfte, hat dadurch einen großen Einfluß auf die Vermehrung des Transports von Gütern, und selbst, indem sie einen Teil des Gütertransports übernimmt, befördert sie, obwohl vielleicht erst späterhin, die Vermehrung der Transporte auf den Kanälen. Der Eisenbahntransport nämlich erleichtert hauptsächlich dem Fabrikanten den Bezug der wertvolleren Rohstoffe und die Versendung der Fabrikate, wodurch sie ihm nicht nur viele Zinsen erspart und größere Regelmäßigkeit in sein Geschäft bringt, sondern auch möglich macht, dasselbe mit dem gleichen Kapital viel weiter auszudehnen. Durch die Ausdehnung der Fabrikation längs der parallellaufenden Eisen- und Wasserstraßen entsteht eine weit größere Nachfrage nach schweren Gütern jeder Art, z.B. nach Steinkohlen, Brenn- und Bauholz, Kalk, Eisenstein usw., deren Transport dem Kanal zuteil werden und die ihm im Laufe der Zeit viel mehr rentieren als z.B. die Zufuhr von Wolle oder Baumwolle und die Verführung der Fabrikate. Noch einleuchtender ist dies in den Fällen, wo der viel vollkommenere Eisenbahnverkehr ganz neue Unternehmungen veranlaßt. Selbst da, wo der Landwirt sich bewogen sehen sollte, die Eisenbahn zur Versendung seiner wertvolleren Produkte zu benutzen, kann dies dem Kanal in der Folge nur Vorteil schaffen. Denn durch den vermehrten und vorteilhaften Absatz derselben wird der Landwirt sich in den Stand gesetzt und ermutigt fühlen, seine Gebäude und Anlagen und seine Felder zu verbessern. Infolge seiner Verbesserungen wird er größere Surplus-Quantitäten von Produkten hervorbringen, die wegen ihres geringen Wertes im Verhältnis zu ihrem Gewicht und zu ihrem Umfang dem Kanal zum Transport anheimfallen. Dadurch und durch die Herbeiführung der Baumaterialien und der verschiedenen Düngearten, die dem Landwirt zu seinen Verbesserungen nötig sind, wird der Kanal der Produktion weit größere Dienste leisten und auch weit mehr Einnahmen haben, als wenn er die Verführung der wertvolleren Produkte der Landwirtschaft zwar sehr wohlfeil, aber auf die ihm eigene langsame Weise besorgte.

List, Bd. 3, S. 45 f.

Der Eisenbahnbau

Text 29

Das Ergebnis des Eisenbahnbaues ist die Bildung eines *einheitlichen Verkehrsgebietes* und eines *einheitlichen Marktes.* Erst jetzt werden stärkere lokale Preisspannen unmöglich, da ein Marktausgleich zu wesentlich niedrigeren Transportkosten erfolgen kann. Erst mit der Schaffung eines Eisenbahnnetzes ist der modernen Industrie der unentbehrliche weite Markt mit der Möglichkeit eines Massenabsatzes und damit der Massenproduktion gesichert. Die handelspolitische Einigung durch Schaffung des Deutschen Zollvereins hat jetzt ihre Vollendung durch ein verkehrsmäßig erschlossenes, auch innerlich einheitliches Wirtschaftsgebiet erhalten. Eine Nebenwirkung liegt – sozial allerdings sehr bedeutsam – in der Verminderung der Entfernungen, in einer zunehmenden Intensivierung des wirtschaftlichen und nicht wirtschaftlichen Reiseverkehrs, in dem Näheraneinanderrücken der einzelnen deutschen Stämme, der Nationen und der Erdteile.

Die Eisenbahnen bedingten eine wesentliche Zunahme des Bedarfes an *Eisen und Kohle,* deren Produktion bzw. Förderung jetzt denn auch sprunghaft anstieg. Sie ermöglichten aber im besonderen auch erst die Verwendung der Kohle als Energiequelle und damit die Errichtung moderner Fabriken (mit Dampf als Antriebskraft) auch in solchen Gebieten, die fern von den

Gewinnungsstätten der Kohle lagen. Die hohen *Holzpreise* als Ergebnis des Holzmangels zwangen sowieso zur Ausnutzung der bisher nur lokal verwendeten Kohle. So haben nicht etwa nur die spezifischen technischen Eigenschaften der Kohle, sondern der ökonomische Tatbestand des Preisgefälles der Verwendung der Kohle den Weg gebahnt. Darum nahm der Kohlenbergbau einen schnellen Aufschwung und ergriff auch solche Vorkommen, die vergleichsweise unergiebiger waren, wie etwa seit den 40er Jahren auch die oberbayerischen Lagerstätten. Wir treffen in der gleichen Zeit auch auf die ersten Ansätze einer bewußten *Fracht- und Tarifpolitik*. So wird der Kohletarif der Eisenbahnlinien von Oberschlesien nach Berlin gesenkt, um die schlesische Kohle gegenüber der englischen auf dem Berliner Markt konkurrenzfähig zu machen.

Für den Bau der Eisenbahnen waren gewaltige *Kapitalien* notwendig. Wo nicht die Staaten selbst die erforderlichen Mittel aufbrachten, waren es in erster Linie private Aktiengesellschaften, die für diesen Zweck begründet wurden. Die Verwendung der Gesellschafts-Form war notwendig, da die erforderlich werdenden Kapitalbeträge über die Leistungsfähigkeit Einzelner hinausgingen. Auch wo die Staaten den Ausbau in die Hand nahmen, haben sie die dafür benötigten Beträge nur zum kleinsten Teil aus laufenden Einnahmen bestritten, in der Regel aber sich die erforderlichen Mittel auf dem Anleihewege beschafft. So ist es nicht verwunderlich, wenn die Eisenbahn-Effekten (namentlich Aktien) die wichtigsten Papiere an den Börsen darstellten. Zum Beispiel wurden 1870 an der Berliner Börse erst 9 Industriepapiere und 43 Bankaktien, aber bereits 175 Eisenbahnpapiere gehandelt. Das moderne Aktienrecht ist in engem Zusammenhange mit der Ausgabe der Eisenbahnaktien entwickelt worden. Der Bedarf an Kapital steigerte sich nicht nur im Verhältnis zu dem fortschreitenden Ausbau des Netzes, sondern auch zu der steigenden Verbesserung der Ausstattung. Die ersten Lokomotiven und namentlich Wagen waren der geringen Beanspruchung gemäß nur leicht gebaut (die Wagen ohne Decke und Fenster usw.), und erst nach und nach wurde die Ausstattung besser.

Lütge, S. 366

Text 30

Ein Vergleich der Kosten zwischen Dampf- und Pferdekraft ergab folgende höchst wichtige Erfahrungen: Mit dem Dampfwagen wurden in 2364 Fahrten 245 809 Personen befördert. Die Kosten betrugen 4635 fl. 23 kr. Demnach kam eine Fahrt auf circa 2 fl., wobei der Durchschnittspreis der Kohlen indessen per Zentner mit 52 1/2 kr. angenommen ist. Der Unterhalt von 11 Pferden belief sich auf 3394 fl. 2 kr. Es wurden mit diesen 6001 Fahrten gemacht und 203 590 Personen befördert. Jede Fahrt stellt sich demnach auf 35 Personen und 34 kr. Kosten. Die Leistungen von drei Pferdfahrten sind sohin einer Dampffahrt gleich, wobei die Kosten der letzteren sich um 6 kr. höher als die der drei ersten stellen ... Die Vorteile und Vorzüge der Dampfkraft selbst bei dem noch hohen Kohlenpreise von 1 fl. 20 kr. sind daher entschieden und wachsen noch in dem Verhältnis, als die Kohlen sich unter diesen Preis stellen ... Diese Ergebnisse, welche auf den blühenden

Verkehr zweier Nachbarstädte, wie Nürnberg und Fürth sowie auf das öffentliche Leben einen früher ungekannten Einfluß haben, und das Nationalvermögen auf eine so wunderbare schnelle und untrügliche Weise vermehren, möchten doch endlich dazu dienen, daß Regierungen und Aktiengesellschaften gegenseitig mit aller Energie darauf hinarbeiten, die schon mehrere Jahre erwogenen Projekte größerer Kommunikationen ins Leben zu rufen und Deutschland auf jene Stufe der Kraft, des Wohlstandes der Vereinigung aller seiner Stämme zu einem gleichen geselligen, wohlfeilen und friedlichen Genuß aller Lebensgüter zu führen, welche so leicht und schnell zu erringen sind, wenn Vertrauen, redlicher Wille, Beharrlichkeit und umsichtige Leitung nicht mangeln.

Dinglers Polytechnisches Journal, 63. Bd. (1837), S. 312

f) Die Krisenanfälligkeit des neuen Wirtschaftssystems

Text 31

Es wäre freilich ein Irrtum, anzunehmen, der Entwicklungsgang der Großindustrie hätte sich ohne alle Abweichungen und Unterbrechungen in einer stetig aufsteigenden Linie vollzogen. Bereits von den ersten Dezennien des 19. Jahrhunderts an ist die Produktion bedeutenden Schwankungen unterworfen, heftige Krisen finden statt, auf Perioden einer aufsteigenden, ausnehmend günstigen Konjunktur folgen in raschem Wechsel Zeiten der Depression. Allerdings bilden die Krisen keineswegs eine gänzlich neue, dem 19. Jahrhundert, dem Zeitalter der maschinellen Betriebsweise ausschließlich eigentümliche Erscheinung. Sie können bereits in der vorhergehenden Periode festgestellt werden, zu der Zeit, als die Stadtwirtschaft sich zur Volkswirtschaft umgestaltete und Industrien, die nunmehr einen größeren Markt zu versorgen hatten, ihre Produktion nur schwer der jeweilig vorhandenen Nachfrage anzupassen vermochten. Doch waren damals, infolge der nur wenig vorgeschrittenen Produktionstechnik sowie des Umstandes, daß ein bedeutendes Betriebskapital noch nicht vorhanden und der Kreditverkehr erst schwach entwickelt war, der Steigerung der gewerblichen Produktion ziemlich enge Grenzen gezogen. Daher konnte auch die auf die Erweiterung der Produktion folgende, durch Überproduktion hervorgerufene Einschränkung derselben niemals einen dermaßen heftigen Charakter annehmen, als dies später, im Zeitalter der Maschinen, der Fall war. Wohl kannte die Periode des 16.–18. Jahrhunderts Krisen, die durch Kriege und Aufstände, durch Mißernten und Rohstoffmangel, durch Zahlungseinstellungen von Fürsten, Börsenspekulation und Geldwirren verursacht waren, zu Produktions- und Absatzstockungen führten; doch lagen alle diese Gründe außerhalb der Produktionssphäre. Jene Krisenursachen verloren nun im 19. Jahrhundert, wenn auch nur allmählich, an Bedeutung. Das Fabrikwesen jedoch, sowie die Entwicklung des freien Wettbewerbs und des Weltmarktes, die Ausbildung des Kreditverkehrs und des Transportwesens bedingten die Entstehung einer neuen Form industrieller Krisen, die einen genau umschriebenen Zyklus von Erscheinungen umfaßt. Zunächst kommt eine

Periode der Hochkonjunktur – Produktionssteigerung, Erweiterung bereits bestehender, Gründung neuer Unternehmungen, erhöhte Inanspruchnahme des Kredits, Erhöhung der Preise. Darauf folgt ein heftiger Krach (Depression, Niederschlag), zuerst an der Börse, dann in der Industrie; ein jähes Sinken der Preise, zahlreiche Zahlungseinstellungen, starke Einschränkung des Kredits, Geldmangel, Schließung zahlreicher Fabriken und Entlassung der Arbeiter, Arbeitslosigkeit und Not. Diesen ausgeprägten Charakter trugen die Krisen in England bis zu den siebziger Jahren des 19. Jahrhunderts. Waren die Krisen von 1811, 1815, 1818 noch eine Auswirkung der Napoleonischen Kriege, so sind die periodisch in Zeiträumen von ca. 10 Jahren in England eintretenden Krisen der Jahre 1825, 1836, 1847, 1857 und 1866 durch die neue Produktionstechnik, den Großbetrieb, die neue Wirtschaftsverfassung in ihrer Gesamtheit bedingt und mußten Zweifel daran wachrufen, ob denn auch die gesteigerte Entwicklung der produktiven Kräfte segensbringend sei, wenn sie dermaßen schwere Erschütterungen im Leben breiter Volksmassen mit sich bringe und mehr Verwüstungen anzurichten imstandc sci, als sclbst die erschöpfendsten Kriege.

Kulischer, S. 460

g) Die Rolle des Staates

Text 32

Es waren im wesentlichen vier Funktionen, die der Staat, besser die Regierungen, im Verhältnis zur Wirtschaft ausübten:

1. Der Staat als Gesetzgeber
   a) Die Reform der Gewerbe- und Handelsgesetze
   b) Der Beginn einer Patentgesetzgebung
   c) Die Ausarbeitung einer Zoll- und Steuergesetzgebung
2. Der Staat als Administrator
   a) Finanzpolitik, besonders Steuer- und Zollpolitik
   b) Allgemeine Wirtschaftspolitik, insbesondere Gewerbeförderung und gewerbliches und technisches Schulwesen
   c) Der Ausbau der „Infrastruktur“ (Straßen, Kanäle, Brücken, Eisenbahn)
3. Der Staat als Unternehmer
   a) Land- und forstwirtschaftliches Eigentum
   b) Bergwerks- und Industrieeigentum
   c) Staatliche Banken und Versicherungsgesellschaften
4. Der Staat als Konsument und Investor
   a) Bedarf von Hof und Verwaltung
   b) Militärbedarf
   c) Bedarf für die Entwicklung der Infrastruktur

Welche Kräfte stellte nun die „Wirtschaft“ dieser mannigfaltigen staatlichen Aktivität gegenüber, um ihrerseits die Industrialisierung und das staatliche Wachstum anzuregen und zu erhalten? Es war zunächst eine kleine, aber ständig wachsende, aus sehr verschiedenen Traditionen kommende und unterschiedlich sich verhaltende Schar von wirtschaftenden Bürgern, großen und kleinen Unternehmern, fleißigen Technikern und aufstrebenden Handwerkern. Sie verteilten sich auf alle Landschaften, gewiß mit manchen Schwerpunkten, etwa im Rheinland oder in Sachsen. In den älteren Gewerbestädten, etwa in Wuppertal, Krefeld, Leipzig oder Augsburg, gehörten sie zu der bürgerlichen Honoratiorenschicht, die das Kommunalwesen wesentlich trugen. Viele von ihnen übernahmen darüber hinaus größere politische Verantwortung, indem sie sich in die Landtage der Bundesstaaten, in Preußen in die Provinziallandtage wählen ließen. So sind führende Kölner Bankiers, wie Mevissen und Hansemann, zugleich die Sprecher des rheinischen Bürgertums, und im Verlaufe der 48er Revolution übernehmen einige von ihnen, wie David Hansemann, Ludolf von Camphausen, Karl August Milde und August Freiherr von der Heydt in Preußen oder Karl Mathy in Baden, Ministerämter und führen damit zum ersten Male auf sichtbare Weise Unternehmertum und Staat zusammen.

Braun/Fischer/Großkreutz/Volkmann, S. 289 ff.

Das Prinzip des „laissez-faire"

Text 33

Räumt man alle Begünstigungs- oder Beschränkungsmaßnahmen völlig aus dem Wege, so stellt sich von selbst das klare und einfache System der natürlichen Freiheit her.

In ihm hat jeder Mensch, solange er nicht die restlichen Schranken überschreitet, die vollkommene Freiheit, seine eigenen Interessen so, wie er will, zu verfolgen und seine Arbeit sowie sein Kapital mit der Arbeit und den Kapitalien anderer Menschen oder anderer sozialer Schichten in Wettbewerb zu bringen. . .

Nach dem System der natürlichen Freiheit beschränkt sich der staatliche Eingriff nur auf die Erfüllung dreier Funktionen:

1. die Nation gegen Gewalttätigkeiten und Angriffe anderer Nationen zu schützen;
2. jeden einzelnen Vertreter der eigenen Nation vor den rechtlichen Übergriffen aller anderen soweit wie möglich zu bewahren, d.h. Rechtspflege zu üben; und
3. bestimmte öffentliche Einrichtungen zu schaffen, deren Errichtung und Unterhalt der privaten Initiative nicht überlassen werden kann.

Adam Smith, Untersuchungen über die Ursachen und Folgen des Wohlstands der Nationen (1776), aus: L. Helbig, Politik im Aufriß, Frankfurt 1972, S. 172

Text 34

Die Grundlagen des *laissez-faire* zerbröckelten in den sechziger und siebziger Jahren des 19. Jahrhunderts. Im Laufe der Industrialisierung der anderen Länder wurde deutlich, daß der Freihandel nicht ausreichte, Großbritannien als einzige oder auch nur wichtigste „Werkstatt der Welt" zu erhalten. Wenn es aber das nicht mehr war, mußte die Basis seiner internationalen Wirtschaftspolitik revidiert werden. Als es von der „Großen Depression" betroffen wurde, platzte die Illusion, alles, was die britische Wirtschaft von der Regierung verlangte (neben niedrigen Steuern und einer stabilen Währung), sei Ruhe. Als die Arbeiterklasse das Stimmrecht erhalten hatte – 1867 und

1884/85 –, stellte sich rasch heraus, daß sie erhebliche staatliche Maßnahmen, eine umfassende Wohlfahrtspolitik, fordern – und zugestanden bekommen – würde. Als in Europa mit Deutschland eine Großmacht emporwuchs und mit den USA und Japan zwei neue Großmächte in Übersee, konnte der Weltfriede (mit den sich konsequent daraus ergebenden niedrigen Staatshaushalten) nicht mehr als selbstverständlich gelten. Außerdem ließ sich – obwohl das noch nicht klar zu erkennen war – vorausahnen, daß die logische Konsequenz der uneingeschränkten freien Wirtschaft nicht ein bescheidener Staatsapparat in einem unauffälligen Winkel der Wettbewerbswirtschaft von Kleinunternehmern sein würde, sondern eher ein umfangreicher, bürokratischer Staat mit mächtigen bürokratischen und nur wenig vom Wettbewerb abhängigen großen Unternehmen.
Es stand damals nicht zu erwarten, daß sich die Meinung der Wirtschaft und die Regierungspolitik der neuen Lage anpaßten. Während der „Großen Depression" traten Ideologen hervor, die einen klaren Bruch mit dem laissez-faire-„Individualismus" forderten, der mit dem britischen Kapitalismus derart identifiziert wurde, daß man beide Termini oft miteinander verwechselte, so wie sein Gegenteil, die staatliche Intervention, weitgehend mit „Sozialismus" gleichgesetzt wurde. Die Sozialisten, die in Großbritannien nach 1880 erneut in Erscheinung traten, betrachteten die Dinge hauptsächlich vom Standpunkt der Arbeiterklasse aus; die Befürworter einzelner Anti-laissez-faire-Maßnahmen der „nationalen wirtschaftlichen Leistungsfähigkeit" und des „Imperialismus" vom Standpunkt der internationalen Wettbewerbsposition der britischen Wirtschaft oder allgemeiner (und das war bedenklich) vom Standpunkt einer großen, nationalen oder rassischen Bestimmung aus, derzufolge Britannia dazu ausersehen war, die Wogen des Meeres und weite Gebiete jenseits von ihm zu beherrschen.
Hobsbawm, S. 74

5. Der Mensch im Mittelpunkt der Auseinandersetzungen um die Soziale Frage

a) Die Ursachen des Entstehens der Sozialen Frage

Text 35

Die vier Hauptquellen, aus denen sich die nichtlandwirtschaftlichen freien Arbeiter rekrutierten, waren:
Erstens die Befreiung der Bauern und ländlichen Arbeiter von den Fesseln der Hörigkeit und des Leibeigentums. Die befreiten Bauern wurden teilweise entweder infolge erzwungener Landabgabe oder gänzlicher Bodenberaubung in ländliche Arbeiter umgewandelt – die auch relativ frei waren, in die Stadt abzuwandern. Die vordem feudal gebundenen Tagelöhner hatten jetzt zwar vielfach ein kleines Stück Land als Eigentum, das jedoch ungenügend war, um sie zu ernähren, und so waren sie alle gezwungen, Arbeit in der Nähe ihres kleinen Besitztums zu suchen. Dazu kommen die regelmäßig angestellten Mägde und Knechte. Mit Ausnahme der fortdauernden Vertreibungen

der Bauern von ihrem Land ist diese Quelle „freier Arbeit" schnell versiegt; sie lieferte einmal, bei der „Bauernbefreiung", eine größere Zahl freier Arbeiter und war dann nicht mehr so sehr ergiebig. Jedoch sickerte ein steter Zufluß von Landarbeitern in die Stadt.

Eine zweite Quelle war die Befreiung der Gesellen und Lehrlinge in einzelnen Gegenden und Ländern von den Regeln feudaler Zunftverfassung. Auch diese Quelle floß im allgemeinen nur einmal, nämlich im Zuge der Reformen zu Beginn des Jahrhunderts, es sei denn, man rechnet die wenigen Tropfen, die aus der äußerst langsamen weiteren Auflösung der feudalen Zunftverfassungen nach 1816 kamen, hinzu; nur einmal floß sie noch ergiebiger: 1845 in Preußen.

Als dritte Quelle können wir die Zerstörung handwerklicher Betriebe durch die Konkurrenz der Fabriken auf der einen und durch die der landwirtschaftlichen Industriebetriebe auf der anderen Seite nennen, wodurch die Meister selbst und ihre Familienmitglieder zu Lohnarbeitern wurden. Es wäre unrecht, diese fortlaufend fließende Quelle in ihrer Bedeutung zu unterschätzen. Der Prozeß der Proletarisierung des Handwerks, insbesondere in den dreißiger und vierziger Jahren, war trotz Steigerung der Gesamtzahl der Handwerker sehr beachtlich.

Schließlich sind als letzte wichtige Quelle der Rekrutierung freier Arbeiter das natürliche Wachstum der Bevölkerung und vor allem die zunehmende Beschäftigung von Familienmitgliedern, von Frauen und Kindern, als „freie Arbeiter" zu nennen. –

Kuczynski, S. 227

Die Bauernbefreiung

Text 36

Die *Reformen* enthielten meistens folgende *fünf Schritte*:

1. Die Aufhebung der persönlichen Bindungen.
2. Die Umwandlung der Dienste und der anderen Naturalleistungen in Geldleistungen.
3. Die Verleihung des Eigentums an Boden, Gebäuden und Inventar an die Bauern, verbunden mit einer Aufhebung der bisherigen Verpflichtungen und der Schaffung neuer Leistungspflichten in Form der Ablösungen.
4. Die Auflösung der Gemeinheiten (Allmenden usw.) und die Beseitigung der Gemengelage (Separation).
5. Die Aufhebung der ständischen Patrimonialgerichtsbarkeit und der Polizeigewalt.

Nicht überall wurden die Reformen in dieser Reihenfolge durchgeführt. Die Zusammenfassung einzelner Schritte war ebenso möglich wie eine andere Reihenfolge.

Henning, S. 37

Die Gewerbefreiheit

Text 37

Was heißt aber Gewerbefreiheit? Gewerbefreiheit bedeutet *positiv*, daß jedermann berechtigt ist, ein ihm zusagendes Gewerbe auszuüben, bedeutet *negativ* die Sprengung der Zünfte, ihre Beseitigung als gewerbliche Organisation (allenfalls ließ man sie als freiwillige Vereinigungen und Unterstützungskassen gelten); sie bedeutet Aufhebung der Beschränkung in der Zahl der Gesellen und Lehrlinge, Aufhebung der Bindung an von der Zunft genehmigte Produktionsmethoden usw. Sie bedeutet: Beseitigung der Konzessionen, Privilegien, der staatlichen Förderungen und Reglementierungen, kurzum eben die volle liberale Freiheit, die Entfesselung der Kräfte des ökonomischen Selbstinteresses im Konkurrenzsystem. . .

Die Auswirkungen der Gewerbefreiheit bestanden überall zunächst in einer *Zunahme der Klein- und Alleinmeister,* da die Gesellen sich in großer Zahl als selbständige Meister etablierten. Die Folge war eine Übersetzung der einzelnen Handwerkszweige und eine Proletarisierung der Handwerker, die nun zu einem großen Teil reif für das Absinken in den Stand der Industriearbeiter wurden. Neben den abgewanderten Bauern und Bauernsöhnen, die meist als ungelernte Fabrikarbeiter Beschäftigung fanden, waren diese abgesunkenen Handwerker die zweite Quelle, aus der die Fabriken ihren Arbeiterbedarf deckten, und dies nun meist als gelernte Arbeiter. Auch das Landhandwerk nahm zunächst noch vielfach zu, verblieb gleichfalls aber in gedrückter Lage.

Lütge, S. 334

Die Diskussion über das Maschinenproblem

Text 38

Das Problem traf mit gleicher Wucht nicht nur die Handwerker und Heimarbeiter, sondern auch die in den Betrieben beschäftigten Fabrikarbeiter. Jede Einführung einer neuen Maschine machte zahllose Hände frei und überflüssig. Das Mißtrauen gegen die arbeitsparende Maschine war schon den Merkantilisten nicht fremd gewesen, und Colbert wie Friedrich der Große hatten bei aller Förderung der Industrie doch immer sorgfältig darüber gewacht, daß solche Dinge nicht sollten gemein werden, „welche andere concives ihrer Nahrung berauben“. . . Wovon sollten alle die Menschen, deren Arbeit fortan Maschinen verrichteten, in Zukunft noch leben? Man sah die Konzentration in wenigen Händen und den „Pauperismus“ heraufkommen: mit diesem vielgebrauchten Worte bezeichnete man damals das, was man später die „soziale Frage“ nannte. Die Nachrichten, die man aus England erhielt, bestärkten in diesem Zweifel an die Allgüte der heraufkommenden technischen Welt. Der „wirtschaftliche Liberalismus“ tröstete sich. Er schuf die „Kompensationstheorie“, die besagte, daß die durch die Maschine verdrängten Arbeiter beim Maschinenbau neue Beschäftigung finden werden, daß jede Arbeitsersparnis der Vermehrung des Einrichtungsparkes der Erde zugute komme. Glühende Bewunderer des neuen naturwissenschaftlich-technischen Zeitalters, wie Adam Smith, Ricardo oder der große Naturforscher Arago, haben mit beredten Worten die Ansicht der „Reaktion“ bekämpft, daß die Maschinen den Arbeitern das Brot wegnahmen: „Dann könnte man auch sagen, unsere Vorfahren hätten besser getan, Paris in der Wüste zu gründen, damit die Wasserträger zu tun haben“. Oder man müßte London glücklich preisen, weil keine Steinbrüche in der Nähe sind und also die Transporteure zu tun haben. Statt dessen baut man aus Ziegeln! Und im Kupferbergwerk leistet die Maschine in 24 Stunden die Arbeit von tausend Pferden. Ohne die Maschine würde also das Kupfer nicht gefördert werden, weil man nicht soviel Pferde am Bergwerkseingang gleichzeitig beschäftigen kann; daher würden zahllose Menschen arbeitslos sein ohne die Maschinen! „Zu allen Zeiten", sagte Arago, „haben die Menschen Maschinen konstruiert, um sich ihre Arbeit zu erleichtern; unter die Götter sogar wurden die Erfinder des Spatens, der Sichel, des Pfluges versetzt. Es gibt keinen Unterschied von Werkzeug und Maschine; diese Unterscheidung ist kindisch. Die Arbeiter haben als gute Logiker keinen Unterschied gemacht und beim Aufstand in England auch Spaten, Dreschflegel und Sensen zerbrochen!" Dies war nun freilich ein Trugschluß, der dem Liberalismus eigen war, weil er die geistigen Folgen der Mechanisierung noch nicht zu überblicken vermochte. Es gab einen grundsätzlichen Unterschied zwischen den alten und den neuen Erfindungen, zwischen dem Geräte und der Maschine; der Gebrauch eines Gerätes setzt den ganzen Menschen in Tätigkeit, während die Bedienung einer Maschine nur mechanische, stets wiederkehrende oder nur beaufsichtigende Leistung des Arbeiters erfordert. Doch hatte Arago für diese Anfangszeiten recht, wenn er meinte, daß die Maschine, indem sie billiger fabrizierte, die Nachfrage erhöhte: „Man vergesse nicht das nie zu stillende Verlangen nach Wohlbehagen, welches die Natur dem Menschen eingepflanzt hat; man bedenke, daß die Befriedigung eines Bedürfnisses auf der Stelle ein anderes hervorruft, daß unser Begehren sich stets vermehrt, sobald die Gegenstände wohlfeiler werden." Es war Unsinn, daß der Proletarier mühsam und teuer arbeiten sollte, was die Wissenschaft rasch und billig durch die Maschine herzustellen lehrte. Die moderne Technik machte zunächst aus Handwerkern und Arbeitern Erwerbslose; aber sie regte, indem sie die Waren verbilligte und neue Bedürfnisse schuf, den Konsum und später den Export so sehr an, daß sie dann doch wieder ungezählten Millionen Arbeit verschaffen konnte. Der zuerst betroffenen Generation nutzte dies nichts; nur die wenigsten waren noch jung und gewandt genug, um sich umzustellen. Und ob die bestehende Wirtschaftsordnung sich mit der Entwicklung der arbeitssparenden Technik vertrug, mußte erst noch die Zukunft zeigen.

Schnabel, S. 230

Widerstand gegen die Maschine

Text 39

Der erste Versuch, mit mechanischen Stühlen zu weben, wurde in der Oberlausitz im Jahre 1842 gemacht. Ein Fabrikant in Seifhennersdorf hatte im Verlaufe einiger Jahre, verborgen in Ballen mit englischem Baumwollgarn, nach und nach die zu etwa 20 Webstühlen nötigen Bestandteile aus England herübergeschmuggelt; denn die Ausfuhr von Maschinen für Spinnerei und Weberei aus England war bis zum Jahre 1842 verboten. In einem kleinen Anbau des Fabrikantenhauses wurden die Stühle wieder zusammengesetzt und nach und nach in Betrieb gebracht. Sie sollten baumwollene Samte herstellen. Aber dem kühnen Neuerer erging es wie manchen seiner Vorgänger in England vor 25 Jahren. Die Seifhennersdorfer Handweber, sonst im allgemeinen wie alle Oberlausitzer Weber, friedliche und verträgliche Leute, befürchteten, brotlos zu werden, und gerieten von Tag zu Tag in immer größere Aufregung. Sie griffen schließlich zur Gewalt. Unter Führung des Gemeindevorstandes, eines kleinen Fabrikanten, taten sich die Furchtlosesten unter ihnen zusammen, zertrümmerten sämtliche Maschinen und Webstühle und steckten das Gebäude in Brand. Der Fabrikant wurde mit dem Tode bedroht. Die Behörden haben die Angelegenheit mit Stillschweigen übergangen.

E. Gröllich, Die Baumwollweberei der sächsischen Oberlausitz und ihre Entwicklung zum Großbetrieb (1911), S. 41

b) Das Proletariat

Text 40

Die *Bevölkerungszahl* nahm so stark zu, daß man von einer Bevölkerungsexplosion spricht:

Absolut:	1780	21 Mill. Menschen
	1800	23 Mill. Menschen
	1825	28 Mill. Menschen
	1850	35 Mill. Menschen
	1875	43 Mill. Menschen
	1900	56 Mill. Menschen
	1914	67 Mill. Menschen
Relativ:	1780	38 Menschen je qkm (=100)
	1914	125 Menschen je qkm (=330)

Ursache der Bevölkerungsentwicklung war:

- Infolge der verbesserten medizinischen Versorgung und der langfristigen Hebung des Lebensstandards ging die Sterblichkeit von 28 auf 16 je Jahr und 1 000 Einwohner (= 43 v.H.) zurück.
- Im Verhältnis dazu verringerte sich die Geburtlichkeit von 40 auf 27 je Jahr und 1 000 Einwohner (= 32 v.H.).
- Damit lag während des ganzen Jahrhunderts der Geburtenüberschuß mit etwa 11 bis 12 je 1 000 Einwohner relativ hoch. Epidemien (Pest), größere Kriege und Hungersnöte, die in früheren Jahrhunderten immer wieder zu einer Reduzierung der Bevölkerungszahl geführt hatten, fehlten nunmehr fast völlig.

Die Rheinprovinz, Westfalen und das Land Sachsen waren die bis zum Ersten Weltkrieg am stärksten industrialisierten Gebiete Deutschlands. In Ostdeutschland und Bayern dominierte bis auf einige Ausnahmen (Oberschlesien, Stettin, Nürnberg, Augsburg usw.) nach wie vor die Landwirtschaft, ebenso wie in den nördlichen Teilen der Provinz Sachsen (Altmark, Magdeburger Börde) mit Ausnahme Magdeburgs. Da die südlicheren Teile der Provinz Sachsen ebenfalls stärker industrialisiert waren, nahm dieses Gebiet eine Mittelstellung zwischen den beiden Extremen ein. Die Bevölkerungsentwicklung war in zweierlei Hinsicht von Bedeutung:

- Durch sie und mit ihr wuchs die Zahl der Arbeitskräfte eines Gebietes (Produktionsbereich).
- Zugleich stieg mit der Bevölkerungszahl der Verbrauch und dadurch die wirtschaftliche Grundlage der Wirtschaftszweige, die für die unmittelbare Versorgung der Menschen notwendig waren (Nachfrage).

Henning, S. 17

Text 41

Es entsteht ferner, indem nun alle Kapitalien werbend ohne Unterlaß in dem Vergrößerungskampf der freien Konkurrenz angestrengt sind und der Erwerbsfähigkeit des Kapitalisten nirgends eine Schranke mehr gesetzt ist, die andere Folge, daß in bei weitem rascherem Maße, als bis dahin auch nur denkbar war, die Kluft zwischen Besitz und Nichtbesitz sich ins Riesenhafte vergrößert. Nach dem Gesetz der Schwerkraft gleichsam vergrößern sich die Kapitalien. Das Prinzip der Bourgeoisie hatte gelautet: Jeder ist frei zu erwerben, der Erwerb hängt nur von der freien Arbeitskraft des einzelnen ab. In der Tat ist das eine Illusion. Zum Erwerben, Kapital, Arbeitsinstrumente, Rohstoff, Auslagen (alles das = Kapital). Also nicht von der Arbeitskraft, sondern davon, ob er Kapital vorfindet, hängt die Möglichkeit des Erwerbs für den einzelnen ab, und nur das Kapital erwirbt. Und dies stellt sich denn auch in der Geschichte so dar, daß die Individuen, welche die individuelle kapitallose Arbeitskraft vertreten, die Masse der Nichtbesitzenden, welche später sich als Partei der Arbeiter konstituieren, der Arbeiter zum Erwerbe, zum Besitze nicht gelangen kann, während auf der anderen Seite das Kapital auch ohne Tätigkeit, ohne Arbeitskraft, sich ins Unendliche vergrößert. Dies ist der Kampf zwischen Arbeitern und Kapitalisten, der jeden Tag mit der größeren Bereicherung des letzteren, mit der Konzentrierung des Kapitals und dem Untergang des kleinen Besitzes endigt. Indem jetzt der einzelne nicht mehr aus sich selbst zum Besitze gelangen kann, indem er seine Kinder nicht mal in den Besitz der nötigen Kenntnisse setzen kann, um danach zu trachten, indem der Lohn bestimmt wird durch das Verhältnis von Nachfrage nach Arbeitern und Angebot von Arbeitern, das Angebot aber mit sehr kurzen flüchtigen Ausnahmen die Nachfrage übersteigen muß, reduziert sich der Lohn auf das zum Lebensunterhalt und [zur] Fortpflanzung Nötige und macht es der Arbeiterklasse schlechthin unmöglich, einen Besitz hinter sich zu bringen; es entsteht so eine erbliche Klasse von Menschen, denen [es] mit ihrer Nachkommenschaft und Familie schlechthin unmöglich wird, zu Besitz zu gelangen, die schlechterdings abhängig sind von der Arbeit, die sie finden, und zugleich der notwendigen Krisen halber, die im Wesen der modernen Industrie liegen, zeitweise keine Arbeit finden. Dieser neue erbliche Stand der von der Hand in den Mund Lebenden ist der Stand des Proletariats.

Lassalle, S. 45

Text 42

In demselben Maße, worin sich die Bourgeoisie, d.h. das Kapital, entwickelt, in demselben Maße entwickelt sich das Proletariat, die Klasse der modernen Arbeiter, die nur so lange leben, als sie Arbeit finden, und die nur so lange Arbeit finden, als ihre Arbeit das Kapital vermehrt. Diese Arbeiter, die sich stückweise verkaufen müssen, sind eine Ware wie jeder andere Handelsartikel und daher gleichmäßig allen Wechselfällen der Konkurrenz, allen Schwankungen des Marktes ausgesetzt. Die Arbeit der Proletarier hat durch die Ausdehnung der Maschinerie und die Teilung der Arbeit allen selbständigen Charakter und damit allen Reiz für die Arbeit verloren. Er wird ein bloßes Zubehör der Maschine, von dem nur der einfachste, eintönigste, am leichtesten erlernbare Handgriff verlangt wird.

Karl Marx, Das Kommunistische Manifest, Ausgabe Berlin (Ost) 1955, S. 9

Typen von Klassen nach Marx und Lenin

Text 43

Beginnen wir mit der Beantwortung der letzten Frage. Lenin spricht von Klassen einmal so: „Als Klassen bezeichnet man große Menschengruppen, die sich voneinander unterscheiden nach ihrem Platz in einem geschichtlich bestimmten System der gesellschaftlichen Produktion, nach ihrem (größtenteils in Gesetzen fixierten und formulierten) Verhältnis zu den Produktionsmitteln, nach ihrer Rolle in der gesellschaftlichen Organisation der Arbeit und folglich nach der Art der Erlangung und der Größe des Anteils am gesellschaftlichen Reichtum, über den sie verfügen. Klassen sind Gruppen von Menschen, von denen die eine sich die Arbeit einer anderen aneignen kann infolge der Verschiedenheit ihres Platzes in einem bestimmten System der sozialen Wirtschaft." Es ist offenbar, daß Marx vom gleichen Standpunkt eine andere Seite der Klassen im Auge hat, wenn er in der „Deutschen Brüsseler Zeitung" kurz vor dem Ausbruch der Revolution von 1848, am 18. November 1847 feststellt: „Die deutsche Bourgeoisie befindet sich also schon im Gegensatz zum Proletariat, ehe sie noch als Klasse sich politisch konstituiert hat."

Lenin erklärt in seiner Definition den ökonomischen Ursprung der Klassen aus den Produktionsverhältnissen, aus den Verhältnissen der Menschen zu den Produktionsmitteln und unterscheidet sie nach der Art der Erlangung und der Größe des Anteils am gesellschaftlichen Gesamtprodukt. In der Basis entstehen, im Verhältnis der Ausbeutung und des Ausgebeutetseins befindliche, Klassen natürlich immer gleichzeitig, da eine Klasse nicht eine andere ausbeuten kann, ohne daß die andere von der einen ausgebeutet wird. Bourgeoisie und Proletariat entstehen gleichzeitig. Ihre ökonomischen Elemente bauen sich gleichzeitig auf.

Klassen sind jedoch nicht nur Erscheinungen der Basis. Sie sind soziologische Erscheinungen, die zum Teil auch dem Überbau angehören – als politische, als gesellschaftlich bewußte „große Menschengruppen". Solange Klassen nur ökonomisch konstituiert sind, sind sie noch nicht völlig ausgereift. Als ausgereifte gesellschaftliche Erscheinungen können sie erst gelten, wenn sie sich ihrer selbst bewußt geworden sind, wenn sie sich „als Klasse politisch konstituiert" haben.

Kuczynski, S. 117

Text 44

Da spricht man viel von Proletariern, ohne das Wort zu deuten. Einen Proletarier nenne ich den, welchen seine Eltern in der Jugend verwahrlost, nicht gewaschen, nicht gestriegelt, weder zum Guten erzogen noch zur Kirche und Schule angehalten haben. Er hat sein Handwerk nicht erlernt, heiratet ohne Brot und setzt seinesgleichen in die Welt, welche stets bereit sind, über anderer Leute Gut herzufallen, und den Krebsschaden der Kommunen bilden. Warum sorgen die Gemeinden selbst nicht besser für die Ausrottung dieser Zuchthauskandidaten? Ferner heiße ich Proletarier: Leute, die von braven Eltern erzogen, durch die Verführung der großen Städte zugrunde gegangen sind; Wüstlinge und Zecher, die den blauen Montag heiliger halten als den Sonntag; verlorene Söhne ohne Reue, denen Gesetz und Ordnung ein Greuel ist. An den Innungen wäre es, solcher Schande des Gewerks vorzubeugen und Zucht und Sitte herzustellen, anstatt ihre Fahnen den Demokraten vorzutragen. Diese beiden Klassen bilden die echten Hilfstruppen der Aufwiegler bestehend aus verdorbenen Schreibern, schlechten Rechnungsführern, Haarspaltern und Doktoren ohne Kranke, Judenjungen, weggejagten Militärs und allen Taugenichtsen, die ohne Mühe zu Ehren und Ansehen gelangen wollen!! Sagt mir: Wer von Euch hätte wohl gedacht, daß Deutschland so reich sei an solch sauberer Gesellschaft? Nicht aber rechne ich zu den Proletariern den braven Arbeiter, dem Gott durch die Kraft seiner Hände und den gesunden Menschenverstand ein Kapital verlieh, welches ihm niemand rauben kann, es sei denn Krankheit oder Alter. Der wird schon durchkommen, wenn jene bösen Buben die Ruhe und öffentliche Wohlfahrt nicht stören. Diesen ehrenwerten Leuten muß geholfen werden, durch Hebung der Gewerbe, Vorschußkassen, guten Unterricht für die Kinder und Sicherstellung gegen Krankheit und Invalidität.

Friedrich Harkort: Brief an die Arbeiter, sogen. „Bienenkorbbrief" (9. offener Brief Harkorts vom Mai 1849), aus: Friedrich Harkort, Bürger- und Bauernbrief, S. 85

Text 45

Nach jetzigen Verhältnissen leistet der Arbeiter gewisse Dienste gegen einen gewissen Lohn, wobei noch strenge Aufsicht stattfinden muß; weiter kümmert ihn weder die Wohlfahrt der Fabrik noch des Unternehmers. Die Arbeitskraft tritt noch zu roh und ungebildet auf, als daß eine engere Verbindung mit dem Kapitale möglich wäre. Denken wir uns indessen eine sittlich gebildete Masse von Individuen, dann könnte ein glückliches Verhältnis stattfinden. Außer den festen Löhnen wäre der Arbeit ein Anteil am Gewinn zuzugestehen und Fleiß und Tätigkeit würden Wunder tun. Wir sehen schon im kleinen dort die Folgen, wo der Fabrikant eine Prämie für den geringsten Materialverbrauch bewilligt. Im eigenen Interesse handeln, würden die Leute erfindungsreicher sein und sich schärfer kontrollieren, als der besten Aufsicht möglich ist. Die Aufseher brauchten weniger zahlreich zu sein, also ein neues Ersparnis. Dasselbe Kapital reichte weiter, und die Ware würde preiswürdiger . . .

Die Zeit wird kommen, wo bei manchen Gewerben unser Vorschlag Eingang findet, denn der schroffe Gegensatz von großem Überfluß und Mangel wird täglich bedenklicher. Die Bevölkerung indessen, welche einen solchen Versuch macht, muß eine menschlichere Erziehung genossen haben als die heutigen Proletarier der großen Industriellen . . .

Unsere Wünsche für die industriellen Klassen sprächen sich also zusammengefaßt dahin aus:
Höhere Schul- und Körperbildung, Ausschließung der Kinder aus den Fabriken und ein Maximum der Arbeitsstunden für die Erwachsenen; Verbesserung der Wohnungen, so nach Möglichkeit auf das Land zu verlegen sind; billigere, gesunde Nahrungsmittel; Bildung von Vereinen zur wechselseitigen Unterstützung; Teilnahme am Gewinn des Kapitals; Vereine zur Verbreitung gemeinnütziger Kenntnisse usw. Die meisten dieser Punkte liegen bereits der öffentlichen Meinung in mehr oder weniger scharfen Umrissen zur Beratung vor; man kann sie vertagen, wie leider in England geschah, allein die Stunde der Entscheidung wird einst schlagen, und wohl dem Staate, welcher sie weise vorbereitet hat!

Friedrich Harkort, Bemerkungen über die Hindernisse der Zivilisation und Emanzipation der unteren Klassen (1844), aus: K.H. Ludwig, Der Aufstieg der Technik im 19. Jhd., Stuttgart 1971, S. 71

c) Der Wandel der Arbeitsbedingungen

Der Einzelmensch in der Großindustrie

Text 46

Wenn wir die ökonomischen – industriellen und landwirtschaftlichen – Verhältnisse untersuchen, die die Grundlage der gegenwärtigen bürgerlichen Gesellschaft bilden, so finden wir, daß sie die Tendenz haben, die isolierte Tätigkeit mehr und mehr durch die kombinierte Tätigkeit der Individuen zu ersetzen. An die Stelle der kleinen Werkstätten isolierter Produzenten ist die moderne Industrie getreten mit großen Fabriken und Werkstätten, in denen Hunderte von Arbeitern komplizierte, mit Dampf angetriebene Maschinen überwachen; die Fuhrwerke und Karren der großen Landstraßen sind abgelöst worden durch die Züge der Eisenbahn, wie die kleinen Ruderboote und Segelfeluken durch die Dampfboote. Maschinen und Dampf bringen selbst die Landwirtschaft nach und nach unter ihre Herrschaft, indem sie langsam aber sicher an die Stelle kleiner Eigentümer große Kapitalisten setzen, die mit Hilfe von Lohnarbeitern große Landflächen bebauen. Überall tritt die kombinierte Tätigkeit, die Komplizierung voneinander abhängender Prozesse, an die Stelle der unabhängigen Tätigkeit der Individuen. Wer aber kombinierte Tätigkeit sagt, sagt Organisation; ist nun Organisation ohne Autorität möglich?

Nehmen wir einmal an, eine soziale Revolution habe die Kapitalisten entthront, deren Autorität heutzutage die Produktion und die Zirkulation der Reichtümer lenkt. Nehmen wir, um uns ganz auf den Standpunkt der Antiautoritarier zu stellen, weiter an, der Grund und Boden und die Arbeitsinstrumente seien zum kollektiven Eigentum der Arbeiter geworden, die sich ihrer bedienen. Wird die Autorität dann verschwunden sein oder wird sie nur die Form gewechselt haben? Sehen wir zu.

Nehmen wir als Beispiel eine Baumwollspinnerei. Die Baumwolle muß mindestens sechs aufeinanderfolgende Operationen durchlaufen, bevor sie die Gestalt des Fadens annimmt, Operationen, die – zum größten Teil – in verschiedenen Sälen vor sich gehen. Außerdem braucht man, um die Maschinen in Gang zu halten, einen Ingenieur, der die Dampfmaschine überwacht, Mechaniker für die laufenden Reparaturen und viele ungelernte Arbeiter, die die Produkte von einem Saal in den anderen zu schaffen haben etc. Alle diese Arbeiter, Männer, Frauen und Kinder, sind gezwungen, ihre Arbeit zu einer Stunde zu beginnen und zu beenden, die von der Autorität des Dampfs festgesetzt ist, der sich keinen Deut um die individuelle Autonomie kümmert. Es ist also zuerst einmal nötig, daß die Arbeiter sich über die Arbeitsstunden einigen; sind diese Stunden einmal festgelegt, so ist jedermann ohne jede Ausnahme ihnen unterworfen. Weiterhin treten in jedem Saal und in jedem Augenblick Detailfragen über die Produktionsweise, die Verteilung des Materials etc. auf, Fragen, die sofort gelöst werden müssen, wenn nicht die gesamte Produktion im selben Augenblick zum Stehen kommen soll; ob sie nun auf Entscheid eines an die Spitze jedes Arbeitszweigs gestellten Delegierten gelöst werden oder, wenn dies möglich ist, durch Majoritätsbeschluß, stets wird sich doch der Wille eines jeden unterordnen müssen; das bedeutet, daß die Fragen autoritär gelöst sein werden. Der mechanische Automat einer großen Fabrik ist um vieles tyrannischer, als es jemals die kleinen Kapitalisten gewesen sind, die Arbeiter beschäftigen. Wenigstens was die Arbeitsstunden betrifft, kann man über die Tore dieser Fabriken schreiben: *Laßt alle Autonomie fahren, die Ihr eintretet.* Wenn der Mensch mit Hilfe der Wissenschaft und des Erfindergenies sich die Naturkräfte unterworfen hat, so rächen diese sich an ihm, indem sie ihn, in dem Maße, wie er sie in seinen Dienst stellt, einem wahren Despotismus unterwerfen, der von aller sozialen Organisation unabhängig ist. Die Autorität in der Großindustrie abschaffen wollen, bedeutet die Industrie selber abschaffen wollen; die Dampfspinnerei vernichten, um zum Spinnrad zurückzukehren.

Engels, Studienausgabe 4, S. 139

Text 47

Mein Vater war Spinnmeister in Eisenach; er hat bis Anfang der fünfziger Jahre jeden Tag, den Gott werden ließ, vierzehn, fünfzehn, sechzehn Stunden bei der Arbeit stehen müssen: vierzehn Stunden, von morgens fünf bis abends sieben, bei normalem Geschäftsgang; sechzehn Stunden, von morgens vier bis abends acht Uhr, bei gutem Geschäftsgang – und zwar ohne jede Unterbrechung, selbst ohne Mittagspause. Ich selbst habe als Junge zwischen fünf und neun Jahren jeden Tag abwechselnd mit meiner um ein Jahr jüngeren Schwester, wenn das Wetter nicht gar zu schlecht war und die Mutter den sehr weiten Weg dann lieber selbst machte, meinem Vater das Mittagessen gebracht. Und ich habe dabeigestanden, wie mein Vater sein Mittagessen, an eine Maschine gelehnt oder auf eine Kiste gekauert, aus dem Henkeltopf mit aller Hast verzehrte, um mir dann den Topf geleert zurückzugeben und sofort wieder an seine Arbeit zu gehen. Mein Vater war ein

Mann von Hünengestalt, einen halben Kopf größer als ich, von unerschöpflicher Robustheit, aber mit 48 Jahren in Haltung und Aussehen ein Greis; seine weniger robusten Kollegen waren aber mit 38 Jahren Greise.

Ernst Abbé, Sozialpolitische Schriften (Jena 1920), zitiert nach: Fritz Hauenstein, Karl Marx und die Arbeitszeit, FAZ vom 14.10.1967, S. 5

Text 48

Sehr eigenartig war zum Teil die Gestaltung der Arbeitszeit im Bergbau. In dem ersten Drittel des 19. Jahrhunderts gestaltete sich der Arbeitstag im Rammelsberger Bergbau (bei Goslar) zum Beispiel so:

Montags
im Sommer von 6–7, im Winter von 7–8 Gottesdienst in der Clauskirche; danach Arbeitsschicht bis 13 Uhr; nach der Schicht Anstecken von Bränden

dienstags
5–14 Uhr Tagesschicht mit 2 Stunden Pause
14–19 Uhr Essen und Schlafen zu Hause
19–20 Uhr Betstunde im Zechenhause
20–23 Uhr Schlafen im Zechenhause oder in der Grube

mittwochs
23– 4 Uhr Nachtschicht
4– 5 Uhr Liegestunde
5–13 Uhr Tagesschicht mit 2 Stunden Pause
13–19 Uhr Essen und Schlafen zu Hause
19–20 Uhr Betstunde im Zechenhause
20–23 Uhr Schlafen im Zechenhause oder in der Grube

donnerstags und freitags wie mittwochs

sonnabends
23– 4 Uhr Nachtschicht
4– 5 Uhr Liegestunde
5– 9 Uhr Tagesschicht (frühes Ende der Löhnung wegen)
9–24 Uhr arbeitsfrei (im Laufe des Sonnabends Anstecken der Hauptbrände)

sonntags
0–24 Uhr arbeitsfrei

Wöchentlich wurden danach sechs Tagesschichten von 42 Stunden und vier Nachtschichten von 20 Stunden Dauer verfahren; der Gesamtaufenthalt auf und in der Grube währte aber 6+14+19+19+19+9 = 86 Stunden, wovon 30 Stunden zum Schlafen und Essen, 4 Stunden zu den Andachten und 52 Stunden zur Arbeit dienten. Die Bergarbeiter verbrachten also einen großen Teil ihres Lebens nach der Arbeit unter Tage.

Kuczynski, S. 268

Text 49

Aus diesen Tatsachen geht hervor, daß Einzelne bei ihrer Arbeit nicht mehr als 2–5 Silbergroschen den Tag verdienen; daß sie von dieser Summe in Berlin nicht zu existieren vermögen, liegt auf der Hand, aber selbst wenn sie durch ihren Verdienst ihre Existenz gleichmäßig zu erringen im Stande wären, würde dies auf das Verhältnis des Proletariats nicht im geringsten höher in Anschlag zu bringen sein. Sie arbeiten ohne Rast einen Tag wie den andern um die Existenz des Tages. Welche „Ordnung" ist dies aber, welche einer großen Masse das Recht zum Leben, welches sie doch von Natur haben, entzieht und spricht: ihr müßt euch dies Recht erst verdienen durch die anstrengendste, anhaltendste Arbeit! Aber glücklich sind diese, welche es noch zu verdienen im Stande sind. Die Arbeit ist bei der wachsenden Masse zum Hazardspiel geworden. Die Löhne, welche wir hier mitteilen, betreffen den glücklichsten, begünstigsten Teil. Es ist angenommen, daß ihnen die Besitzenden das Recht des Lebens, welches sie ihnen entzogen, wieder zu verdienen Gelegenheit geben; es ist angenommen, daß sie jung, kräftig und unabhängig von Familiensorgen sind; es ist angenommen, daß sie Arbeit finden, und durch die Gnade des Besitzes ihr Leben geschenkt bekommen. Die nächste Stufe von diesen glücklichen, unabhängigen Leuten, welche von Morgens bis Abends arbeiten dürfen, um nur zu vegetieren, bilden diejenigen, welche keine feste Arbeit haben oder in ihrer Familie durch kranke Eltern, Frau oder Kind verhindert sind . . .

Schraepler, Bd. 2, S. 149

Die Arbeitsstätte

Text 50

Und was für Gebäude waren es, in denen die ersten Fabriken etabliert wurden! Ich kenne keinen belehrenderen Vergleich zwischen der Handspinnerei und der mechanischen als denjenigen, der sich auf einer Fahrt nach Ratingen bei Düsseldorf ergibt . . . Da liegt Cromford, die energische Tat eines deutschen Industriellen, im Jahre 1784 als erste Spinnerei vom Kaufmann Brügelmann aus Elberfeld gegründet. Hart vor dem Tore liegt das alte Fabrikgebäude, heute verlassen, aber der alte Geist spricht aus den einsamen Räumen. Ein fünfstöckiges Haus mit niedrigen Sälen, engen Fenstern, früher dicht aneinander gedrängten Maschinen; das Mühlwerk so eng, daß selbst der schlankste Jüngling nur mit äußerster Vorsicht zwischen der Wand und dem umgehenden Rade passieren kann; erst in meiner Gegenwart, also nach bald hundert Jahren, ordnete der Fabrikinspektor eine Schutzvorrichtung an. Dies alte Haus konnte die neue Zeit nicht vertragen; als man die neuen, rasch gehenden Maschinen aufstellte, wurde es so erschüttert, daß es oben vom Giebel aus barst und eine neue Fabrik nebenan erbaut werden mußte: hohe luftige Arbeitsschuppen mit guter Ventilation und neuen Maschinen, denen gleich alle Schutzvorrichtungen mitgegeben waren.

Eine der ältesten, aus den 1820er Jahren stammende Fabrikanlage wird noch gegenwärtig in Aachen benutzt; ich bin zurückgetaumelt, als mir die staubige, stinkende, heiße Luft aus den niedrigen Räumen durch die Tür entgegenströmte. Vielfach wurden auch alte Klöster, Schlösser und sonstige Baulichkeiten zu Werkstätten eingerichtet. In den Wollspinnereien war die Staubentwicklung noch die geringste, weil das Material geölt wurde, am größten und am gefürchtesten war sie in den Baumwollspinnereien. Man bedenke nur, daß die damaligen Wölfe, in welchen die Baumwolle durch rasche Umdrehung zerfasert und gereinigt wird, ohne Umhüllung und Abzugsventilation waren. Der ganze Raum war erfüllt von umherfliegenden Baumwollteilchen und eine schwere Wolke von feinstem und ganz grobem Staub schwebte über den Arbeitern und drang in ihre Atmungsorgane ein; der Lärm war so entsetzlich, daß kein Wort vernommen wurde.

Alfons Thun, Die Industrie am Niederrhein und ihre Arbeiter, Teil 1 (Leipzig 1879), S. 173 ff.

Arbeitslosigkeit

Text 51

Wenn ich endlich noch einige Worte über die Erfahrungen sagen darf, die ich bei der Arbeitssuche gemacht habe, so sind das kurz folgende. Tüchtigen Facharbeitern, wie Schlossern und Drehern, war es zu jener Zeit immer noch leichter möglich, Arbeit in Fabriken und kleineren Werkstätten zu erhalten, als Handarbeitern, Webern und Maschinenarbeitern. Auf der Arbeitssuche wurden wir meist schon von den Portiers der Fabriken kurz zurückgewiesen. In den wenigen Fällen, wo wir bei dem Leiter direkt anfragen konnten, wurden wir freundlich und höflich behandelt, einmal auch mit guten Ratschlägen versehen, die freilich in diesem Falle nichts nützten. Auch die Arbeitsnachweise, zu denen wir unsere Zuflucht nahmen, befriedigten unser Bedürfnis nicht. Es waren die in den Herbergen und in den Zeitungen . . . Jedenfalls kann ich nach meinen eigenen Erfahrungen es aussagen, wie unsäglich deprimierend es ist, erfolglos von Fabrik zu Fabrik, von Werkstatt zu Werkstatt wandern zu müssen, immer von neuem seine Kraft anbietend, mit bittenden Worten, und immer wieder erfolglos. Unfreiwillige Arbeitslosigkeit ist, auch wenn der Hunger noch nicht mit seiner eisernen Faust an die Tür pocht, das furchtbarste Los, das einen gesunden, strebsamen, für seine Familie sorgenden Mann treffen kann, um so bitterer, je ernster, tiefer, charaktervoller er ist . . .

Göhres Erlebnisbericht „Drei Monate Fabrikarbeiter und Handwerksbursche“ (Leipzig 1891), aus: Schraepler, Bd. 2, S. 43

Die gesundheitlichen Verhältnisse

Text 52

Häufig ist es unmöglich, zwischen den gesundheitlichen Verhältnissen im Betrieb und in der Wohnung zu unterscheiden – zum Beispiel im Falle der Heimarbeit. Engel gibt die folgende Schilderung: „Bei der Armut der Waldbewohner war der Wohnraum zugleich Werkstatt und sehr oft auch Schlafzimmer. Die Schnitzer waren noch am besten daran; die Bossierer und Drücker litten unter den Dünsten und Dämpfen, die durch den kochenden Leim, das Wasser, die Papiermachémasse entstanden. Die Luft im Zimmer wurde noch stickiger, da der Ofen immer geheizt werden mußte, um die Waren möglichst rasch zu trocknen. Die Glasarbeiter wurden durch das grelle Flammenlicht und die absplitternden Teilchen des Glases gefährdet; da sie noch sehr oft mit giftigen Farben arbeiteten (Bleiweiß, Zinkoxyd, Höllenstein, Mineralblau, Schweinfurter Grün, Chromrot), entstanden leicht Vergiftungen. Am schlimmsten war es um die Gesundheit der Schieferarbeiter bestellt. Das Handschleifen der Tafeln, namentlich das sogenannte

Schaben und das Griffelrunden war der Gesundheit höchst nachteilig. Die Lungenschwindsucht ließ dort so leicht niemanden alt werden. Infolge des engen Zusammenwohnens schuf jede Krankheit in diesen Dörfern einen Ansteckungsherd, der das ganze Oberland immer bedrohte. Tatsächlich ist nie in den Heimarbeiterfamilien, die ärztliche Mittel scheuten oder nicht bezahlen konnten, die Krankheit gewichen." In den schon erwähnten sächsischen Statistiken heißt es in einem Bericht aus dem Amtsbezirk Altenberg: „Hauptbeschäftigung ist für die Männer der Bergbau und die Waldarbeit, für Weiber und Kinder das Strohflechten. Letzteres wird besonders im Winter bis 12, 1 und 2 Uhr des Nachts in stark geheizten Stuben gemeinschaftlich betrieben. Die spärliche, aber durch Glaskugeln konzentrierte und auf das Gesicht gerichtete Beleuchtung gibt zu Augenkrankheiten Anlaß. Häufige Erkältungen entstehen durch das Nachhausegehen aus diesen sogenannten Rockenstuben."

De Neufville hat für Frankfurt a.M. die Sterblichkeit nach Berufen und Todesursachen für die Zeit von 1820 bis 1852 untersucht. Kennzeichnend für den Einfluß des Berufes auf die Todesursache ist die folgende Übersicht über die Sterblichkeit an „Auszehrung" (Phthisis tuberculosa):

Es starben an Tuberkulose von den

Schneidern	39,9 %	Ärzten	18,2 %
Schuhmachern	38,4 %	Maurern	17,1 %
Schreinern	35,9 %	Metzgern	8,2 %
Malern	32,9 %	Juristen	6,8 %

Kennzeichnend ist auch die folgende Übersicht, die anzeigt, in welchem Alter die Hälfte aller Berufsangehörigen gestorben ist:

Lithographen und Kupferstecher	35 Jahre und 10 Monate
Schriftsetzer usw.	39 Jahre und 2 Monate
Steinmetzen	42 Jahre und 3 Monate
Schneider	42 Jahre und 7 Monate
Schreiner	43 Jahre und 2 Monate
Metzger	58 Jahre und 4 Monate
Lehrer	59 Jahre und 5 Monate
Gerber und Kürschner	60 Jahre und 6 Monate
Juristen	63 Jahre und 3 Monate
Geistliche	68 Jahre und 7 Monate

Kuczynski, S. 284

Kinderarbeit in der Großindustrie

Text 53

In den Kohlen- und Eisenbergwerken arbeiten Kinder von 4, 5, 7 Jahren; die meisten sind indes über 8 Jahre alt. Sie werden gebraucht, um das losgebrochene Material von der Bruchstelle nach dem Pferdeweg oder dem Hauptschacht zu transportieren, und um Zugtüren, welche die verschiedenen Abteilungen des Bergwerks trennen, bei der Passage von Arbeitern und

Material zu öffnen und wieder zu schließen. Zur Beaufsichtigung dieser Türen werden meist die kleinsten Kinder gebraucht, die auf diese Weise 12 Stunden täglich im Dunkeln einsam in einem engen, meist feuchten Gange sitzen müssen, ohne selbst auch nur so viel Arbeit zu haben, als nötig wäre, sie vor der verdummenden, vertierenden Langeweile des Nichtstuns zu schützen. Der Transport der Kohlen und des Eisengesteins dagegen ist eine sehr harte Arbeit, da dies Material in ziemlich großen Kufen ohne Räder über den holprigen Boden der Stollen fortgeschleift werden muß, oft über feuchten Lehm oder durch Wasser, oft steile Abhänge hinauf, und durch Gänge, die zuweilen so eng sind, daß die Arbeiter auf Händen und Füßen kriechen müssen. Zu dieser anstrengenden Arbeit werden daher ältere Kinder und heranwachsende Mädchen genommen. Je nach den Umständen kommt entweder ein Arbeiter auf die Kufe oder zwei jüngere, von denen einer zieht und der andere schiebt.

Friedrich Engels, Die Lage der arbeitenden Klasse in England (Barmen 1845), S. 137 f.

Text 54

Die folgende Tabelle gibt die tägliche Arbeitszeit für Kinder in einer Reihe von Kreisen um 1825 – also noch vor dem Höhepunkt der Ausdehnung des Arbeitstages:

Kreis	Arbeitszeit	Kreis	Arbeitszeit
Iserlohn	gewöhnlich 14 Std.	Breslau	10 bis 14 Std.
Dortmund	10 bis 15 Std.	Frankfurt a.O.	7 bis 16 Std.
Hagen	10 bis 12 Std.	Liegnitz	bis zu 15 Std.
Bochum	bis zu 14 1/2 Std.	Erfurt	10 bis 14 Std.
Düsseldorf	6 bis 13 Std.	Merseburg	6 bis 12 Std.
Aachen	8 bis 12 Std.	Magdeburg	9 bis 14 Std.
Koblenz	11 bis 14 Std.	Potsdam	13 bis 14 Std.
Eslohe	11 bis 13 Std.	Berlin	7 bis 12 Std.
Köln	11 1/2 bis 14 Std.	Siegen (incl. Bergwerke und Hütten)	8 bis 12 Std.
Trier	8 bis 14 Std.		

Im Winter war der Arbeitstag gewöhnlich kürzer als im Sommer. Nachtarbeit für Kinder war nicht ungewöhnlich.

Vielfach wurde sieben Tage hindurch gearbeitet. So berichtete schon 1827 die „Spenersche Zeitung“ vom 5. Mai: „Die Fabrikanten verlangen zum Teil, daß die armen Streichjungen auch des Sonntags arbeiten, wenn sie nicht die Wochenarbeiten verlieren wollen, und so gab es Knaben, welche vier bis sechs Wochen hintereinander arbeiten mußten.“

Der Lebensstandard der Kinder war sehr niedrig. Ihr Weg zur Arbeit war häufig zu weit; das kam zu all den anderen Anstrengungen noch hinzu, und so bemühten sich die Eltern, sie in der Nähe der Betriebe bei anderen Arbeitern unterzubringen (man lese die gleichzeitig erschienene deutsche Literatur von Moralisten und Gesellschaftslieblingsschriftstellern über die „tiefe Innerlichkeit“ deutschen Familienlebens!). Ihr Essen wird im Falle des Kreises

Iserlohn als vor allem aus Kartoffeln, Salz und Wasser bestehend beschrieben oder als in Rübenöl gebackenen Kartoffelkuchen mit einer Zichorienbrühe.

Kuczynski, S. 310

Text 55

Das erste Gesetz zur Beschränkung der Kinderarbeit in Preußen vom 6. April 1839

§ 1. Vor zurückgelegtem neunten Lebensjahre darf niemand in einer Fabrik oder bei Berg-, Hütten- und Pochwerken zu einer regelmäßigen Beschäftigung angenommen werden.

§ 2. Wer noch nicht einen dreijährigen regelmäßigen Schulunterricht genossen hat oder durch ein Zeugnis des Schulvorstandes nachweiset, daß er seine Muttersprache geläufig lesen kann und einen Anfang im Schreiben gemacht hat, darf vor zurückgelegtem sechzehnten Jahr zu einer solchen Beschäftigung in den genannten Anstalten nicht angenommen werden.

Eine Ausnahme hiervon ist nur da gestattet, wo die Fabrikherren durch Errichtung und Unterhaltung von Fabrikschulen den Unterricht der jungen Arbeiter sichern. Die Beurteilung, ob eine solche Schule genüge, gebührt den Regierungen, welche in diesem Falle auch das Verhältnis zwischen Lern- und Arbeitszeit zu bestimmen haben.

Eine Erklärung der Polizeiabteilung des preußischen Ministeriums des Innern (an den Minister für die Geistlichen, Unterrichts- und Medizinangelegenheiten) (1844):

Das Regulativ über die Beschäftigung jugendlicher Arbeiter bezieht sich nur auf Fabriken, Berg-, Hütten- und Poch-Werke, und leidet schon als Ausnahmegesetz, das eine wesentliche Beschränkung der freien Disposition (Verfügbarkeit) über die menschliche Arbeitskraft enthält, keine Ausdehnung auf andere Beschäftigungen. Auch passen die Beweggründe des Gesetzes nicht auf Bauten und Beschäftigungen in freier Luft, wobei die meisten Gefahren für die Jugend, denen das Gesetz begegnen will, gar nicht vorhanden sind.

Kuczynski, Bd. 19, S. 88 und 96

Das Trucksystem

Text 56

Der König leitete das Schreiben Knechts an das Finanzministerium, dem folgendes Votum zuging:

„Was die Bezahlung der Fabrikarbeiter durch Waren anlangt, so hat sich ganz neuerlich das Ministerium des Innern für Handel und Gewerbe mit dem Ministerium des Innern und der Polizei über diesen Gegenstand in Vernehmung gesetzt. Letzteres ist der Meinung gewesen, daß es nicht ratsam sei, in dieses privatrechtliche Verhältnis gesetzgebend einzugreifen, und daß ohne Gesetz weder die Verwaltung noch die Justiz im allgemeinen einzuwirken berechtigt sei. Ist aber eine Zahlung dieser Art zwischen den Fabrikanten und ihren Arbeitern nicht ausbedungen, so wird der Richter auf Anrufen des Einzelnen, der eine solche anzunehmen sich weigert, ohnehin das, was Rechtens ist, erkennen. Ein gesetzliches Verbot solcher Stipulationen würde

aber teils die bürgerliche Freiheit in einer an sich erlaubten Handlung über die Gebühr beschränken, teils den Arbeitern selbst nicht selten zum Nachteile gereichen. Denn mancher Fabrikant wird eben dadurch, daß er andere Waren an Zahlungsstatt annimmt, seinen Absatz wesentlich befördern und durch den doppelten Gewinn, den er als Fabrikant und als Wiederverkäufer der an Zahlungsstatt angenommenen Waren macht, in den Stand gesetzt sein, seinem Geschäfte einen größeren Umschwung zu geben."
Es geschah also nichts.

Knecht ließ jedoch die Sache nicht auf sich beruhen. Am 15. November 1834 wandte er sich an den Justizminister und gab eine erneute Schilderung des Trucksystems, aus der wir das folgende zitieren:

„Nicht allein Ellenwaren als Tuch, Leinwand pp., sondern Spezereiwaren und Viktualien jeder Art, Kaffee, Branntwein, Tabak, sogar teurer Schweizer Käse, Augsburger Lebensessenz, Frankfurter Pillen, kurz alles gibt man den armen Arbeitern in schlechter Qualität zu doppelten und dreifachen Preisen. – Alle schlechten verlegenen Ladenhüter, verdorbene und in der Fabrikation beschädigte Waren, die kein rechtschaffener Mann oder Krämer in seiner Bude auslegen würde, sind von hiesigen Fabrikanten zu Spottpreisen gesucht und werden dann dem armen Arbeiter als gute Ware teuer aufgedrungen.

Es sind Fälle bekannt, daß Arbeiter schlechtes Tuch von 20 bis 25 Silbergroschen zu 2 bis 2 1/2 Taler und von Seewasser verdorbenen wertlosen Kaffee als den feinsten besten Java in Zahlung nehmen mußten.

Mit anderen Waren, z.B. fertigen Federbetten, ist der Betrug noch schlimmer, am allerschlimmsten aber mit Luxus- und Galanteriegegenständen, allerlei Weiberputz, Uhren, Gewehren, Pfeifen pp.

Es ist unbeschreiblich, wie weit und wie fein dieses Gaunersystem ausgebildet ist. Fast jede Woche sieht man unglückliche Arbeiter Ware, welche sie in Zahlung nehmen mußten, herumtragen, ausbieten und oft unter dem Dritteil des kostenden Preises losschlagen! – um den Steuer- oder Gerichtsboten aus dem Hause zu halten. –

Wie mancher arme Familienvater muß ihm aufgedrungene, unnütze Gegenstände zu jedem Preise versilbern, um nur Brot für seine vor Hunger schreienden Kinder zu haben.

Grenzenlos ist das durch dieses teuflische Gewerbe verursachte Elend unter den Arbeitern . . ."

Mehr als zehn Jahre später wandte sich das Königliche Fabrikgericht in Solingen an die Regierung in Düsseldorf:

„Gehorsamste Bitte des Königlichen Fabriken-Gerichtes zu Solingen über Erlaß eines Gesetzes, wonach der Arbeiter in der Folge nicht mehr mit Waren, sondern in barem Gelde zu lohnen sein dürfe."

Seit unserer ganz ergebenen Zuschrift vom 2. Oktober v.J. haben sich die Unterzeichneten die größtmöglichste Mühe gegeben, das Übel des Warenzahlens und dessen betrübende Folgen in seinen kleinsten Details kennenzulernen, und beehren sich, wahrhaft trauernd über die Resultate, Einer Königlichen Hochlöblichen Regierung darüber die betreffenden Mitteilungen zu machen.

Nachdem wir das Übel selbst in allen seinen Gestalten und Folgen gründlich untersucht, haben wir, um auch ein Verhältnis in Zahlen aufstellen zu können, von den Herren Bürgermeistern in unserem Fabriken-Gerichtsbezirk uns amtliche Mitteilungen über die Anzahl der Fabrikanten und darüber erbeten, wieviele von denselben zugleich Laden und Schenkstuben haben; dieselben lauten dahin, daß z.B. die Stadt 68 Fabrikanten zählt, wovon 42 zugleich Laden und 8 zugleich Schenkstuben haben.

In den übrigen Bürgermeistereien ist das Verhältnis etwas günstiger.

Alle Fabrikanten, welche Laden halten, wollen auch gern verkaufen! – Diesen Wunsch kennend, suchen ihm die Arbeiter möglichst zu entsprechen – sie kaufen über ihren Bedarf, weil sie, und wohl mit Recht, vermuten dürfen, daß ihnen dafür Begünstigungen zuteil werden. Diese Begünstigungen, darin bestehend, daß ihnen recht viel und die bessere Arbeit zugeteilt werde, suchen sie durch recht vieles Kaufen zu erzwingen. Daß der Fabrikant, welcher die Ware zum Verkauf hält, sie dem Arbeiter nicht verweigert, wenn er ihm nur eben zutrauen darf, daß er ihm dafür arbeiten werde, ist natürlich. –

So ist es denn der Arbeiter selbst, welcher den Mißbrauch herbeiführt. Teils Notwendigkeit, teils falsch begriffenes Interesse, teils Leichtsinn und teils die verführerische Erleichterung, dem Luxus und der Verschwendung zu frönen, führt nur zum Schuldenmachen, zur Liederlichkeit.

Alle möglichen bunten Zeuge, Kaffee, Zucker und sonstige Viktualien werden entweder dringend empfohlen oder sogar aufgezwungen und leichtsinnigerweise um so eher genommen, weil sie ja nur ins Büchelchen geschrieben werden und das bare Geld dafür nicht hingezählt zu werden braucht.

Die mehr oder minder große Gewinnsucht der Fabrikanten ist häufig nur die Norm, nach welcher der Preis-Courant angefertigt wird, und uns sind Fälle bekannt, wo der Arbeiter schlechte Waren um 50 Prozent und mehr Prozent zu teuer kaufen mußte.

Kaffeebohnen haben wir fast in keinem Büchelchen das Pfund unter 10 Sgr. gefunden, während bei Barzahlung an den Arbeiter er diesen Artikel billiger kaufen und weniger konsumieren würde.

Wollen Tuch und Leinen, ersteres schlecht und grob, letzteres halbbaumwollen, wird zu doppelten Preisen – diese Klage ist sehr häufig – mehrfach den Arbeitern aufgeredet und dessen Annahme entweder für den ganzen oder den halben Betrag der Arbeit ausbedungen.

Sogar der Branntwein figuriert in den Arbeitsbüchern und wird häufig von Weibern und Kindern aus der Stadt mit heimgebracht.

Eine praktische Manier mancher Warenzahler, um flotten Zuspruch zu haben, ist die, für eine Arbeit, womit sie höchstens 6 à 8 Menschen beschäftigen können, deren 25 bis 30 zwischen ihrem Comptoir und Laden kommen und gehen zu lassen. Die armen Leute fragen 3- bis 4mal um Arbeit, ohne sie zu bekommen, kaufen aber meist bei jedem vergeblichen Gange etwas, um dadurch desto eher die Zuteilung von Arbeit zu erstreben.

Wir dürfen wohl behaupten, daß die Gunst so mancher Fabrikanten mit derselben Elle zugemessen und derselben Waage gewogen, womit vorher Tuch oder Kaffee zu dem höchsten Preise gemessen und gewogen worden ist.

Es sind uns von armen Arbeitern Büchelchen vorgekommen, in denen seit Jahren als Zahlung nur Waren, andere, worin in 4 bis 6 Jahren einmal bis 3-mal eine Barzahlung, dagegen 70 bis 90 Warenposten figurierten.

Die unmenschlichste Manier, den Arbeiter um seine sauer verdienten Groschen zu prellen, ist der Mißbrauch derer, welche außer ihren Laden auch noch eine Schenke halten, in welcher die Abfertigung abgewartet werden muß. Über die Resultate, welche solche Schnapshöllen herbeiführen, in denen das Steigen in der Gunst der Fabrikanten nach den Schnäpsen wohl abgemessen werden mag, wolle Eine Königliche Hochlöbliche Regierung uns schweigen und nur noch bemerken lassen, daß wir in einem Arbeitsbüchelchen auf einer Seite 33 Schnäpse zu 7 Pf. pro Schnaps gefunden haben.

Welchen Einfluß ein solches Treiben auf den Stand unserer Industrie ausübt, vermögen wir Einer Königlichen Hochlöblichen Regierung bald zu sagen. Zur eigentlichen Geltung kommt der Wert des Arbeiters sehr selten, weil auf den Zuspruch im Laden und in der Schenke mehr Wert gelegt wird, als auf die gute Arbeit. Der mittelmäßige und schlechte Arbeiter wird vorgezogen, weil er erstens billig arbeitet und zweitens viel kauft! –

Nur durch vieles Kaufen kann er sich die Arbeit erringen, und da er arm ist und natürlich arm bleibt, so ist er für alle Willkür recht geschmeidig. Die große Menge unserer hiesigen kleinen Fabrikanten – sogenannter Fertigmacher – ist es gerade, welche das Geschäft ganz an sich reißen, da sie fast nur mit Waren zahlen und darum imstande sind, das Fabrikat unter dem reellen Erzeugungspreise zu verkaufen. Artikel z.B., welche bei Zahlung in bar unter 20 Sgr. nicht hergestellt werden können, verkaufen sie zu 17 1/2 Sgr. nicht allein nach Hagen und Iserlohn, sondern auch sogar nach Hamburg, Paris etc., wobei ihr Nutzen durch die Zahlungsweise noch groß genug bleibt...

Solingen, den 13. Juni 1845. Das Königliche Fabrik-Gericht (8 Unterschriften)".

Kuczynski, Bd. 1, S. 271 ff.

d) Die Auswirkungen des Fabriksystems auf das „häusliche Milieu"

Text 57

Außer der Massenarmuth, welche durch äußere Einflüsse veranlaßt wird, deren Abwendung nicht in der Macht der Gesellschaft liegt, gibt es aber noch eine andere, die ausschließlich ihr Entstehen der falschen Gesellschaftseinrichtung verdankt. Ich meine *die Noth*, welche von der Macht des Capitals, der *freien Concurrenz* in Handel und Gewerbe, der ungerechten Vertheilung des Bodens etc. herrührt. Die Volksklassen, welche *besonders* durch die erwähnten Uebel Noth leiden, sind gegenwärtig: Die Fabrikarbeiter, die Winzer, die frohnpflichtigen Bauern.

Die Fabrikarbeiter haben in jüngster Zeit vorzugsweise die Aufmerksamkeit des Publikums erregt, theils weil diese Lastthiere der Capitalisten in zu auffallender Weise überbürdet sind, theils weil sie es einmal versuchten, ihren Drängern sich zu widersetzen. Schlesien, das unglückliche Schlesien wurde vom Blute seiner ärmsten Bewohner überströmt; in Böhmen gährte es etc. Neuerlich hörte man Erschreckendes aus dem Ravensbergischen. Ein Zeitungsartikel berichtete: „Die Noth der hiesigen Moldgarnspinner ist gegenwärtig auf eine Höhe gestiegen, die Entsetzen erregend ist. Während man vor 30 Jahren 16–18 Stück Garn für einen Thaler verkaufen konnte, müssen jetzt 36 Stück desselben Garnes für einen Thaler hingegeben werden ... Aus dem gesegneten Wupperthale ist uns auch schon mancher Segen kund geworden. Es ist erstaunlich, wie weit es hier die evangelische Frömmigkeit, vereint mit der kaufmännischen Habsucht, gebracht haben, um das Volk elend zu machen!

Wer wird es, in Berücksichtigung dieser Lage, unnatürlich finden, wenn die matte Hand des Elenden zuweilen nach dem Branntweinglase greift und die Weberspule fortschleudert? ... Das Laster ist der Bundesgenosse solcher Armuth, denn wo die Hoffnung geschwunden ist, lassen sich Trotz und Verbrechen breit und selbstgefällig nieder. Der Mangel zeugt die Begierde, und aus der gezwungenen Resignation wird trotziger Haß oder apathische Schwermuth. – Allein nicht blos in der bleichfarbigen, hektischen Gestalt des Webers gibt sich das Elend und der häusliche Jammer kund; es tritt in mannichfachen Variationen auf. Da gibt es Schaaren von Kindern, Knaben und Mädchen von 8 bis 14 Jahren für den Dienst der Spinnereien und Druckereien. Wenn der Tag anbricht, begeben sich die Blüthen der Menschheit an ihre Zwangsarbeit, von der sie nicht früher scheiden, als bis die Nacht ihren dunkeln Mantel ausgebreitet.

Hermann Püttmann, Elend (1845), aus: E. Grassi (Hsg.), Die Frühsozialisten 1789–1848, Bd. 1, S. 159.

Das Wohnungselend

Text 58

Der größte Arbeiterbezirk liegt indes östlich vom Tower – in *Whitechapel* und *Bethnal Green*, wo die Hauptmasse der Arbeiter Londons konzentriert ist. Hören wir, was Herr G. *Alston*, der Prediger von St. Philipp's, Bethnal Green, über den Zustand seiner Pfarrei sagt:

„Sie enthält 1 400 Häuser, die von 2 795 Familien oder ungefähr 12 000 Personen bewohnt werden. Der Raum, auf dem diese große Bevölkerung wohnt, ist weniger als 400 Yards (1 200 Fuß) im Quadrat, und bei solch einer Zusammendrängung ist es nichts Ungewöhnliches, daß ein Mann, seine Frau, vier bis fünf Kinder und zuweilen noch Großvater und Großmutter in einem einzigen Zimmer von zehn bis zwölf Fuß im Quadrat gefunden werden, worin sie arbeiten, essen und schlafen. Ich glaube, daß, ehe der Bischof von London die öffentliche Aufmerksamkeit auf diese so höchst arme Pfarrei hinlenkte, man da am Westende der Stadt ebensowenig von ihr wußte wie von den Wilden Australiens oder der Südsee-Inseln. Und wenn wir uns einmal mit den Leiden dieser Unglücklichen durch eigne Anschauung bekannt machen, wenn wir sie bei ihrem kargen Mahle belauschen und sie von Krankheit oder Arbeitslosigkeit gebeugt sehen, so werden wir eine solche Masse von Hülflosigkeit und Elend finden, daß eine Nation wie die unsrige über die Möglichkeit derselben sich zu schämen hat. Ich war Pfarrer bei Huddersfield während der drei Jahre, in denen die Fabriken am schlechtesten gingen; aber ich habe nie eine so gänzliche Hülflosigkeit der Armen gesehen wie seitdem in Bethnal Green. Nicht *ein* Familienvater aus zehnen in der ganzen Nachbarschaft hat andere Kleider als sein Arbeitszeug, und das ist noch so schlecht und zerlumpt wie möglich; ja viele haben außer diesen Lumpen keine andere Decke während der Nacht und als Bette nichts als einen Sack mit Stroh und Hobelspänen."

F. Engels, Die Lage der arbeitenden Klasse in England, S. 95

Text 59

Wer würde es glauben, daß eine ganze Anzahl Menschen bei uns heutigentags in „Wohnungen"kampiert, die überhaupt kein heizbares Zimmer haben? Und doch belehrt uns die Statistik, daß es deren in Berlin über 15 000, in Barmen über 8000 gibt usw. Aber das sind nur Ausnahmen, und es wird sich in der großen Mehrzahl der Fälle um Einzelpersonen handeln. Dagegen schwillt die Zahl derjenigen Personen, die in Wohnungen mit 1 Zimmer wohnen sofort unheimlich an. Ja, in den meisten deutschen Großstädten wohnt, wie ich schon sagte, die Hälfte oder annähernd die Hälfte aller Menschen in Wohnungen, die nicht mehr als ein Zimmer umfassen. Von tausend Bewohnern nämlich in Barmen 490, in Berlin 430, in Breslau 409, in Chemnitz 551, in Dresden 374, in Görlitz 462, in Halle a.S. 429, in Königsberg i.Po. 505, in Magdeburg 454, in Plauen i.V. 641. Mehr wie 2 Zimmer, darf man annehmen, bewohnt nur ein verschwindend geringer Prozentsatz der arbeitenden Bevölkerung.

„Übervölkert" nennt die Statistik eine Wohnung, wenn 6 Personen und mehr in 1 Zimmer, 11 Personen und mehr in 2 Zimmern hausen. Und selbst davon gibt es eine recht erkleckliche Anzahl: in Berlin nahezu 30 000, in Breslau 7000, in Chemnitz 5000, in Plauen i.V. 3000 usw. Man denke: 6 Personen und mehr in 1 Raume, 11 und mehr in 2 Räumen!

Was nun aber das Wohnungselend der ärmeren Bevölkerung, wenigstens in den Großstädten, auf das Höchste steigert, ist der Umstand, daß selbst in den engen Behausungen, die nicht mehr den Namen Wohnung verdienen, noch nicht einmal immer die Familie allein lebt, sondern noch fremde Personen, die Schlafgänger, dazwischen kampieren. Dieser jammervolle Zustand findet sich beispielsweise in Berlin bei 391 von 1000 einzimmrigen Wohnungen, in Breslau bei 370, in Plauen i.V. bei 596, in München bei 572 aller ein- und zweizimmrigen Wohnungen usw. In München, über das wir durch eine Studie des Dr. Cahn besonders gut unterrichtet sind, beherbergen etwa 12 000 oder 15 % aller Wohnungen Schlafgänger, von denen über ein Viertel Weiber sind. Von diesen 12 000 Wohnungen waren 3918 überfüllt im offiziellen Sinne und hatten nur 858 mehr als ein heizbares Zimmer.

W. Sombart, Das Proletariat (Frankfurt a.M. 1906), S. 23 f.

Löhne und Lebenshaltung

Text 60

Jedoch wäre es falsch, zu glauben, daß die weniger schlecht bezahlten Arbeiter bequem das Existenzminimum erreichten oder gar über diesem lebten. Hören wir folgenden Bericht von Unternehmerseite über die Lebenshaltung eines Berliner Tischler-Altgesellen, also eines „Aristokraten" unter den Arbeitern:

„Wir machten unlängst die Bekanntschaft eines sehr braven, soliden, fleißigen Altgesellen, dessen bisheriger Verdienst 6 1/2 Taler die Woche betrug. Es ist ein Mann mit vier Kindern, der, beiläufig gesagt, der Arbeiterbewegung ganz fern steht, keine Versammlungen besucht, nicht klagt usw., kurz den die Arbeiter, wenn sie studentisch sich ausdrückten, einen ‚Philister' nennen würden. Wir ersuchten ihn, uns doch seine Ausgaben zusammenzustellen, was er dann auch tat. Wir geben nachstehend das Verzeichnis, wie wir es von ihm erhielten, obwohl es sehr mangelhaft, d.h. noch gar manches darin vergessen ist; insbesondere fehlen alle unständigen Ausgaben, die der Mann nicht recht anzuschlagen wußte und die wir daher, um ja keine fiktiven Ansätze zu erhalten, lieber ganz weg ließen.

‚Wo bleibt nun Kleidung und Schuhwerk?' setzt unser Mann hinzu; und wo Wäsche nebst Zubehör von Seife usw., wo die Winterfeuerung, wo Doktor und Apotheker? Von Luxusausgaben vollends, wie Bier, Tabak usw., ganz zu schweigen. Ferner darf nicht vergessen werden, daß im Winter regelmäßig auf ein paar Wochen ‚Waffenstillstand' eintritt, wo der Mann (er ist Bautischler) ‚fremd' ist und gar nichts verdient. Aber, wird man fragen, wie kommen die Leute denn nun zurecht? Die Antwort lautet: erstens verdient die Frau mit (durch Holztragen, Heuladen usw.), zweitens vermietet er an Schlafburschen. Nun hat er für seine 86 Tlr. (in Altmoabit) eine Stube, Kammer und Küche (kleine und niedrige Räume); davon ist die Kammer an eine Familie, die Stube an Schlafburschen vermietet; seine eigene Familie dagegen schläft in der Küche, in einem Bett Mann und Frau, im anderen, welches nachts auf der Erde gemacht wird (denn für zwei Bettstellen würde schon der Raum fehlen), die vier Kinder."

Kuczynski, Bd. 2, S. 159

Die „goldenen" Jahre

Text 61

Die „goldenen Jahre" waren, genau besehen, keineswegs golden. In Realeinkommen und Verbrauch gab es allerdings Fortschritte. Im Durchschnitt blieben die Reallöhne (wobei die Arbeitslosigkeit mit berücksichtigt ist) von 1850 bis zu Beginn der 1860er Jahre ziemlich unverändert, stiegen aber zwischen 1862 und 1875 um 40 Prozent an. Ende der 1870er Jahre ließ für ein bis zwei Jahre diese Entwicklung nach, sie erreichte ihren alten Stand erst wieder in der Mitte der achtziger Jahre; 1900 betrugen die Löhne ein Drittel mehr als 1875 und 84 Prozent mehr als 1850. Danach stiegen sie nicht weiter an.

Selbst wenn wir diese allgemeinen Durchschnittswerte für bare Münze nehmen (was nicht ratsam ist), vermitteln sie doch kein realistisches Bild der

Situation. Als gegen Ausgang des Jahrhunderts die ersten zuverlässigen Sozialgutachten angefertigt wurden – von Booth in London und von Rowntree in York –, besagten sie, daß etwa 40 Prozent der Arbeiter in Armut oder in noch schlimmeren Verhältnissen lebten, d.h. von einem Familieneinkommen von 18 bis 21 Schilling, verarmte Menschen, die zu zwei Dritteln zu irgendeinem Zeitpunkt im Laufe ihres Lebens – im allgemeinen im Alter – tatsächlich zu Paupers wurden. Die kleine Gruppe der bessergestellten Arbeiter (maximal 15 Prozent, wahrscheinlich weniger) lebten in für die damalige Zeit komfortablen Verhältnissen mit Einkommen von etwa zwei Pfund oder mehr. Mit anderen Worten, die Arbeiterklasse der Zeit Viktorias und Eduards VII. teilte sich in eine Arbeiteraristokratie, die den Markt, auf dem sie sich verkaufte, bestimmen und höhere Löhne verlangen konnte, in eine ungelernte bzw. unorganisierte Masse, die nur einen Lohn etwa in Höhe des Existenzminimums erzielen konnte, und in eine Zwischenschicht.

Hobsbawm, S. 162

e) Der Einfluß von Karl Marx und Friedrich Engels

Text 62

Die Frühschriften von Marx wurden lange Zeit wenig beachtet. Es war deshalb eine Art Neuentdeckung, als man in ihnen den humanitären Ansatz der Marxschen Lehren erkannte. Aus Manuskriptfragmenten, die Marx 1844 in Paris geschrieben hatte, stammt die folgende Textauswahl.

Der Arbeiter wird um so ärmer, je mehr Reichtum er produziert, je mehr seine Produktion an Macht und Umfang zunimmt. Der Arbeiter wird eine um so wohlfeilere Ware, je mehr Waren er schafft. Mit der *Verwertung* der Sachenwelt nimmt die *Entwertung* der Menschenwelt in direktem Verhältnis zu. Die Arbeit produziert nicht nur Waren; sie produziert sich selbst und den Arbeiter als eine *Ware*, und zwar in dem Verhältnis, in welchem sie überhaupt Waren produziert.

Dieses Faktum drückt weiter nichts aus als: Der Gegenstand, den die Arbeit produziert, ihr Produkt, tritt ihr als ein *fremdes* Wesen, als eine von dem Produzenten *unabhängige* Macht gegenüber. Das Produkt der Arbeit ist die Arbeit, die sich in einem Gegenstand fixiert, sachlich gemacht hat, es ist die *Vergegenständlichung* der Arbeit. Die Verwirklichung der Arbeit ist ihre Vergegenständlichung. Diese Verwirklichung der Arbeit erscheint in dem nationalökonomischen Zustand als *Entwirklichung* des Arbeiters, die Vergegenständlichung als *Verlust und Knechtschaft des Gegenstandes*, die Aneignung als *Entfremdung*, als *Entäußerung*.

Die Verwirklichung der Arbeit erscheint so sehr als Entwirklichung, daß der Arbeiter bis zum Hungertod entwirklicht wird. Die Vergegenständlichung erscheint so sehr als Verlust des Gegenstandes, daß der Arbeiter der notwendigsten Gegenstände, nicht nur des Lebens, sondern auch der Arbeitsgegenstände, beraubt ist. Ja, die Arbeit selbst wird zu einem Gegenstand, dessen er nur mit der größten Anstrengung und mit den unregelmäßigsten Unterbrechungen sich bemächtigen kann. Die Aneignung des

Gegenstandes erscheint so sehr als Entfremdung, daß, je mehr Gegenstände der Arbeiter produziert, er um so weniger besitzen kann und um so mehr unter die Herrschaft seines Produkts, des Kapitals, gerät.

In der Bestimmung, daß der Arbeiter zum *Produkt seiner Arbeit* als einem *fremden* Gegenstand sich verhält, liegen alle diese Konsequenzen. Denn es ist nach dieser Voraussetzung klar: je mehr der Arbeiter sich ausarbeitet, um so mächtiger wird die fremde, gegenständliche Welt, die er sich gegenüber schafft, um so ärmer wird er selbst, seine innere Welt, um so weniger gehört ihm zu eigen. Es ist ebenso in der Religion. Je mehr der Mensch in Gott setzt, je weniger behält er in sich selbst. Der Arbeiter legt sein Leben in den Gegenstand; aber nun gehört es nicht mehr ihm, sondern dem Gegenstand. Je größer also diese Tätigkeit, um so gegenstandsloser ist der Arbeiter. Was das Produkt seiner Arbeit ist, ist er nicht. Je größer also dieses Produkt, je weniger ist er selbst. Die *Entäußerung* des Arbeiters in seinem Produkt hat die Bedeutung, nicht nur, daß seine Arbeit zu einem Gegenstand, zu einer *äußeren* Existenz wird, sondern daß sie *außer* ihm unabhängig, fremd von ihm existiert und eine selbständige Macht ihm gegenüber wird, daß das Leben, was er dem Gegenstand verliehen hat, ihm feindlich und fremd gegenübertritt.

Karl Marx, Die Entfremdung von der Arbeit (1844), aus: Zeiten und Menschen, S. 252

Der dialektische Materialismus

Text 63

Die neuen Tatsachen zwangen dazu, die ganze bisherige Geschichte einer neuen Untersuchung zu unterwerfen, und da zeigte sich, daß *alle* bisherige Geschichte, mit Ausnahme der Urzustände, die Geschichte von Klassenkämpfen war, daß diese einander bekämpfenden Klassen der Gesellschaft jedesmal Erzeugnisse sind der Produktions- und Verkehrsverhältnisse, mit einem Wort der *ökonomischen* Verhältnisse ihrer Epoche; daß also die jedesmalige ökonomische Struktur der Gesellschaft die reale Grundlage bildet, aus der der gesamte Überbau der rechtlichen und politischen Einrichtungen, sowie der religiösen, philosophischen und sonstigen Vorstellungsweise eines jeden geschichtlichen Zeitabschnitts in letzter Instanz zu erklären sind. Hegel hatte die Geschichtsauffassung von der Metaphysik befreit, er hatte sie dialektisch gemacht – aber seine Auffassung der Geschichte war wesentlich idealistisch. Jetzt war der Idealismus aus seinem letzten Zufluchtsort, aus der Geschichtsauffassung vertrieben, eine materialistische Geschichtsauffassung gegeben, und der Weg gefunden, um das Bewußtsein der Menschen aus ihrem Sein, statt wie bisher ihr Sein aus ihrem Bewußtsein zu erklären.

Hiernach erschien jetzt der Sozialismus . . . als das notwendige Erzeugnis des Kampfes zweier geschichtlich entstandnen Klassen, des Proletariats und der Bourgeoisie. Seine Aufgabe war nicht mehr, ein möglichst vollkommenes System der Gesellschaft zu verfertigen, sondern den geschichtlichen ökonomischen Verlauf zu untersuchen, dem diese Klassen und ihr Widerstreit mit Notwendigkeit entsprungen, und in der dadurch geschaffnen ökonomischen Lage die Mittel zur Lösung des Konflikts zu entdecken. Mit dieser materialistischen Auffassung war aber der bisherige Sozialismus ebenso unverträglich wie die Naturauffassung des französischen Materialismus mit der Dialektik und der neueren Naturwissenschaft. Der bisherige Sozialismus kritisierte zwar die bestehende kapitalistische Produktionsweise und ihre Folgen, konnte sie aber nicht erklären, also auch nicht mit ihr fertig werden; er konnte sie nur einfach als schlecht verwerfen. Je heftiger er gegen die von ihr unzertrennliche Ausbeutung der Arbeiterklasse eiferte, desto weniger war er imstand, deutlich anzugeben, worin diese Ausbeutung bestehe und wie sie entstehe. Es handelte sich aber darum, die kapitalistische Produktionsweise einerseits in ihrem geschichtlichen Zusammenhang und ihrer Notwendigkeit für einen bestimmten geschichtlichen Zeitabschnitt, also auch die Notwendigkeit ihres Untergangs, darzustellen, andrerseits aber auch ihren innern Charakter bloßzulegen, der noch immer verborgen war. Dies geschah durch die Enthüllung des *Mehrwerts.* Es wurde bewiesen, daß die Aneignung unbezahlter Arbeit die Grundform der kapitalistischen Produktionsweise und der durch sie vollzognen Ausbeutung des Arbeiters ist; daß der Kapitalist, selbst wenn er die Arbeitskraft seines Arbeiters zum vollen Wert kauft, den sie als Ware auf dem Warenmarkt hat, dennoch mehr Wert aus ihr herausschlägt, als er für sie bezahlt hat; und daß dieser Mehrwert in letzter Instanz die Wertsumme bildet, aus der sich die stets wachsende Kapitalmasse in den Händen der besitzenden Klassen anhäuft. Der Hergang sowohl der kapitalistischen Produktion wie der Produktion von Kapital war erklärt.

Diese beiden großen Entdeckungen: die materialistische Geschichtsauffassung und die Enthüllung des Geheimnisses der kapitalistischen Produktion vermittelst des Mehrwerts, verdanken wir Marx.

Friedrich Engels, Die Entwicklung des Sozialismus von der Utopie zur Wissenschaft (1882)

Die Revolution in der Produktionsweise — Text 64

Die Umwälzung der Produktionsweise in einer Sphäre der Industrie bedingt ihre Umwälzung in der andern. Es gilt dies zunächst für solche Industriezweige, welche zwar durch die gesellschaftliche Teilung der Arbeit isoliert sind, so daß jeder derselben eine selbständige Ware produziert, sich aber dennoch als Phasen eines Gesamtprozesses verschlingen. So machte die Maschinenspinnerei Maschinenweberei nötig und beide zusammen die mechanisch-chemische Revolution in der Bleicherei, Druckerei und Färberei. So rief anderseits die Revolution in der Baumwollspinnerei die Erfindung des Gin, der Maschine zur Trennung der Baumwollfaser vom Samen, hervor, womit erst die Baumwollproduktion auf dem nun erheischten großen Maßstab möglich ward. Die Revolution in der Produktionsweise der Industrie und Agrikultur ernötigte namentlich aber auch eine Revolution in den allgemeinen Bedingungen des gesellschaftlichen Produktionsprozesses, das heißt den Kommunikations- und Transportmitteln. Die Kommunikations- und Transportmittel einer Gesellschaft, deren Pivot, um mich eines Ausdruckes Fouriers zu bedienen, die kleine Agrikultur mit ihrer häuslichen Nebenindustrie und das städtische Handwerk waren, konnten durchaus nicht mehr den Produktionsbedürfnissen der Manufakturperiode mit ihrer erweiterten Teilung der gesellschaftlichen Arbeit, ihrer Konzentration von Arbeitsmitteln und Arbeitern und ihren Kolonialmärkten genügen, so daß sie auch in der Tat umgewälzt wurden. So verwandelten sich die von der Manufakturperiode überlieferten Transport- und Kommunikationsmittel bald in unerträgliche Hemmschuhe für die große Industrie mit ihrer fieberhaften Geschwindigkeit der Produktion, ihrer massenhaften Stufenleiter, ihrem beständigen Werfen von Kapital- und Arbeitermassen aus einer Produktionssphäre in die andere und ihren neugeschaffenen weltmarktlichen Zusammenhängen. Abgesehen von ganz umgewälztem Segelschiffbau, wurde das Kommunikations- und Transportwesen daher allmählich durch ein System von Flußdampfschiffen, Eisenbahnen. ozeanischen Dampfschiffen und Telegraphen der Produktionsweise der großen Industrie angepaßt. Die furchtbaren Eisenmassen aber, die jetzt zu schmieden, zu schweißen, zu schneiden, zu bohren und zu formen waren, erforderten ihrerseits riesenhafte Maschinen, deren Schöpfung der manufakturmäßige Maschinenbau versagte.

Die große Industrie mußte sich also ihres charakteristischen Produktionsmittels, der Maschine selbst, bemächtigen und Maschinen durch Maschinen produzieren. So erst schuf sie ihre adäquate technische Unterlage und stellte sich auf ihre eigenen Füße. Mit dem wachsenden Maschinenbetrieb in den ersten Jahrzehnten des 19. Jahrhunderts bemächtigte sich die Maschinerie in der Tat allmählich der Fabrikation der Werkzeugmaschinen. Jedoch erst während der letztverflossenen Jahrzehnte (vor 1867) riefen ungeheurer Eisenbahnbau und ozeanische Dampfschiffahrt die zur Konstruktion von ersten Motoren angewandten zyklopischen (riesenhaften) Maschinen ins Leben . . .

. . In Manufaktur und Handwerk bedient sich der Arbeiter des Werkzeuges, in der Fabrik dient er der Maschine. Dort geht von ihm die Bewegung des Arbeitsmittels aus, dessen Bewegung er hier zu folgen hat. In der Manufaktur bilden die Arbeiter Glieder eines lebendigen Mechanismus. In der Fabrik existiert ein toter Mechanismus unabhängig von ihnen, und sie werden ihm als lebendige Anhängsel einverleibt. „Der trübselige Schlendrian einer endlosen Arbeitsqual, worin derselbe mechanische Prozeß immer wieder durchgemacht wird, gleicht der Arbeit des Sisyphus; die Last der Arbeit, gleich dem Felsen, fällt immer wieder auf den abgematteten Arbeiter zurück.“ Während die Maschinenarbeit das Nervensystem aufs äußerste angreift, unterdrückt sie das vielseitige Spiel der Muskeln und konfisziert alle freie körperliche und geistige Tätigkeit. Selbst die Erleichterung der Arbeit wird zum Mittel der Tortur, indem die Maschine nicht den Arbeiter von der Arbeit befreit, sondern seine Arbeit vom Inhalt. Aller kapitalistischen Produktion, soweit sie nicht nur Arbeitsprozeß, sondern zugleich Verwertungsprozeß des Kapitals, ist es gemeinsam, daß nicht der Arbeiter die Arbeitsbedingung, sondern umgekehrt die Arbeitsbedingung den Arbeiter anwendet, aber erst mit der Maschinerie erhält diese Verkehrung technisch handgreifliche Wirklichkeit. Durch seine Verwandlung in einen Automaten tritt das Arbeitsmittel während des Arbeitsprozesses selbst dem Arbeiter als

Kapital gegenüber, als tote Arbeit, welche die lebendige Arbeitskraft beherrscht und aussaugt . . .

Als Maschine wird das Arbeitsmittel sofort zum Konkurrenten des Arbeiters selbst.

Aber innerhalb der großen Industrie selbst wirkt fortwährende Verbesserung der Maschinerie und Entwicklung des automatischen Systems in gleicher Weise. „Der beständige Zweck verbesserter Maschinierie ist, die Handarbeit zu vermindern oder den Produktionsprozeß in der Fabrik dadurch zu vervollkommnen, daß eiserne Apparate an Stelle der menschlichen gesetzt werden." „Die Anwendung von Dampf- und Wasserkraft auf Maschinerie, die bisher mit der Hand bewegt wurde, ist das Ereignis jedes Tages . . . Die kleineren Verbesserungen in der Maschinerie, welche Ökonomie der Bewegungskraft, Verbesserung des Machwerkes, vermehrte Produktion in derselben Zeit oder Verdrängung eines Kindes, eines Frauenzimmers oder eines Mannes bezwecken, sind beständig, und obgleich scheinbar nicht von großem Gewicht, haben sie dennoch wichtige Resultate."

Die ungeheure, stoßweise Ausdehnbarkeit des Fabrikwesens und seine Abhängigkeit vom Weltmarkt erzeugen notwendig fieberhafte Produktion und darauffolgende Überfüllung der Märkte, mit deren Kontraktion (Zusammenziehung) Lähmung eintritt. Das Leben der Industrie verwandelt sich in eine Reihenfolge von Perioden mittlerer Lebendigkeit, Prosperität (Gedeihen, Aufschwung), Überproduktion, Krise und Stagnation (Geschäftsstille, Stockung). Die Unsicherheit und Unstetigkeit, denen der Maschinenbetrieb die Beschäftigung und damit die Lebenslage des Arbeiters unterwirft, werden normal mit diesem Periodenwechsel des industriellen Zyklus (Kreislaufs). Die Zeiten der Prosperität abgerechnet, rast zwischen den Kapitalisten heftigster Kampf um ihren individuellen Raumanteil am Markt. Dieser Anteil steht in direktem Verhältnis zur Wohlfeilheit des Produkts. Außer der hierdurch erzeugten Rivalität im Gebrauch verbesserter, Arbeitskraft ersetzender Maschinerie und neuer Produktionsmethoden tritt jedesmal ein Punkt ein, wo Verwohlfeilerung der Ware durch gewaltsamen Druck des Arbeitslohnes unter den Wert der Arbeitskraft erstrebt wird.

Karl Marx, Das Kapital (1867), hsg. von Karl Kautsky, Bd. 1 (Stuttgart 1914), S. 327 ff.

Die Produktion des Mehrwerts

Text 65

Unterstellt nun, daß die Produktion der Durchschnittsmenge täglicher Lebensmittel für einen Arbeitenden *6 Stunden Durchschnittsarbeit* erheischt. Unterstellt überdies auch, 6 Stunden Durchschnittsarbeit seien in einem Goldquantum gleich 3 sh vergegenständlicht. Dann wären 3 sh der *Preis* oder Geldausdruck des *Tageswerts* der *Arbeitskraft* jenes Mannes. Arbeitete er täglich 6 Stunden, so würde er täglich einen Wert produzieren, der ausreicht, um die Durchschnittsmenge seiner täglichen Lebensmittel zu kaufen oder sich selbst als Arbeitenden am Leben zu erhalten.

Aber unser Mann ist ein Lohnarbeiter. Er muß daher seine Arbeitskraft einem Kapitalisten verkaufen. Verkauft er sie zu 3 sh per Tag oder 18 sh die

Woche, so verkauft er sie zu ihrem Wert. Unterstellt, er sei ein Spinner. Wenn er 6 Stunden täglich arbeitet, wird er der Baumwolle einen Wert von 3 sh täglich zusetzen. Dieser von ihm täglich zugesetzte Wert wäre exakt ein Äquivalent für den Arbeitslohn oder Preis seiner Arbeitskraft, den er täglich empfängt. Aber in diesem Fall käme dem Kapitalisten *keinerlei Mehrwert* oder *Mehrprodukt* zu. Hier kommen wir also an den springenden Punkt.

Durch Kauf der Arbeitskraft des Arbeiters und Bezahlung ihres Werts hat der Kapitalist, wie jeder andre Käufer, das Recht erworben, die gekaufte Ware zu konsumieren oder zu nutzen. Man konsumiert oder nutzt die Arbeitskraft eines Mannes, indem man ihn arbeiten läßt, wie man eine Maschine konsumiert oder nutzt, indem man sie laufen läßt. Durch Bezahlung des Tages- oder Wochenwerts der Arbeitskraft des Arbeiters hat der Kapitalist daher das Recht erworben, diese Arbeitskraft während *des ganzen Tags oder der ganzen Woche* zu nutzen oder arbeiten zu lassen. Der Arbeitstag oder die Arbeitswoche hat natürlich bestimmte Grenzen, die wir aber erst später betrachten werden.

Für den Augenblick möchte ich eure Aufmerksamkeit auf einen entscheidenden Punkt lenken.

Der *Wert* der Arbeitskraft ist bestimmt durch das zu ihrer Erhaltung oder Reproduktion notwendige Arbeitsquantum, aber die *Nutzung* dieser Arbeitskraft ist nur begrenzt durch die aktiven Energien und die Körperkraft des Arbeiters.

Der Tages- oder Wochen*wert* der Arbeitskraft ist durchaus verschieden von der täglichen oder wöchentlichen *Betätigung* dieser Kraft, genauso wie das Futter, dessen ein Pferd bedarf, durchaus verschieden ist von der Zeit, die es den Reiter tragen kann. Das Arbeitsquantum, wordurch der *Wert* der Arbeitskraft des Arbeiters begrenzt ist, bildet keineswegs eine Grenze für das Arbeitsquantum, das seine Arbeitskraft zu verrichten vermag. Nehmen wir das Beispiel unsres Spinners. Wir haben gesehn, daß er, um seine Arbeitskraft täglich zu reproduzieren, täglich einen Wert von 3 sh reproduzieren muß, was er dadurch tut, daß er täglich 6 Stunden arbeitet. Dies hindert ihn jedoch nicht, 10 oder 12 oder mehr Stunden am Tag arbeiten zu können. Durch die Bezahlung des Tages- oder Wochen*werts* der Arbeitskraft des Spinners hat nun aber der Kapitalist das Recht erworben, diese Arbeitskraft während *des ganzen Tags oder der ganzen Woche* zu nutzen. Er wird ihn daher zwingen, sage 12 Stunden täglich zu arbeiten. *Über* die zum Ersatz seines Arbeitslohns oder des Werts seiner Arbeitskraft erheischten 6 Stunden *hinaus* wird er daher noch *6 Stunden* zu arbeiten haben, die ich Stunden der *Mehrarbeit* nennen will, welche Mehrarbeit sich vergegenständlichen wird in einem *Mehrwert* und einem *Mehrprodukt*. Wenn unser Spinner z.B. durch seine täglich sechsstündige Arbeit der Baumwolle einen Wert von 3 sh zusetzt, einen Wert, der exakt ein Äquivalent für seinen Arbeitslohn bildet, so wird er der Baumwolle in 12 Stunden einen Wert von 6 sh zusetzen und *ein entsprechendes Mehr an Garn* produzieren. Da er seine Arbeitskraft dem Kapitalisten verkauft hat, so gehört der ganze von ihm geschaffne Wert oder sein ganzes Produkt dem Kapitalisten, dem zeitweiligen

Eigentümer seiner Arbeitskraft. Indem der Kapitalist 3 sh vorschießt, realisiert er also einen Wert von 6 sh, weil ihm für den von ihm vorgeschossenen Wert, worin 6 Arbeitsstunden kristallisiert sind, ein Wert zurückerstattet wird, worin 12 Arbeitsstunden kristallisiert sind. Durch tägliche Wiederholung desselben Prozesses wird der Kapitalist täglich 3 sh vorschießen und täglich 6 sh einstecken, wovon eine Hälfte wieder auf Zahlung des Arbeitslohns geht und die andre Hälfte den *Mehrwert* bildet, für den der Kapitalist kein Äquivalent zahlt. Es ist *diese Art Austausch zwischen Kapital und Arbeit,* worauf die kapitalistische Produktionsweise oder das Lohnsystem beruht und die ständig in der Reproduktion des Arbeiters als Arbeiter und des Kapitalisten als Kapitalist resultieren muß.

Die Rate des Mehrwerts wird, wenn alle andern Umstände gleichbleiben, abhängen von der Proportion zwischen dem zur Reproduktion des Werts der Arbeitskraft notwendigen Teil des Arbeitstags und der für den Kapitalisten verrichteten *Mehrarbeitszeit* oder *Mehrarbeit.* Sie wird daher abhängen von dem *Verhältnis, worin der Arbeitstag über die Zeitspanne hinaus verlängert ist,* in der der Arbeiter durch seine Arbeit nur den Wert seiner Arbeitskraft reproduzieren oder seinen Arbeitslohn ersetzen würde.

Karl Marx, Lohn, Preis und Profit, S. 43

f) Selbsthilfe oder Staatshilfe zur Beseitigung der materiellen Armut

Wesen und Sinn der Genossenschaft

Text 66

. . . Das Wesen der Assoziation ist also die Selbsthilfe, das Verweisen auf die eigene Kraft, ihr Element die Freiheit. Unterstützung von fremder Seite her, Subventionen aus öffentlichen Mitteln, Zwang und Einmischung der Staatsbehörden, wird unbedingt abgewiesen.

Nur in der Selbstbetätigung der eignen Kraft, in dem, was jeder leisten kann, wenn er es geschickt anfängt, in der freien Gruppierung je nach gemeinschaftlichem Interesse zu gemeinschaftlichen Zwecken, sieht man das Heil. Man will Selbständigkeit im Erwerb, weil sie die einzige Möglichkeit wirtschaftlicher Entwicklung für die Gesamtheit wie für den einzelnen ist, und das Gegenteil zum allgemeinen Ruin führen muß. Das beginnen die Mitglieder aller Genossenschaften mehr und mehr einzusehen. Wo sollten sie auch sonst den Mut hernehmen, vor einer Versammlung von Volkswirten hinzutreten, um auf Ihr Urteil sich zu berufen, wenn sie nicht auf die einzig wirtschaftlich gesunde Basis der Selbsthilfe sich stützten!

Daß es bei der ganzen Sache praktisch zunächst darauf ankam, den Assoziationen ein Geschäftskapital zu verschaffen, werden Sie selbst ermessen. Nun wurden in dieser Hinsicht verschiedene Richtungen eingeschlagen. Das einfachste war das Zusammenschießen kleiner Geldmittel in eine gemeinschaftliche Kasse durch die Mitglieder selbst, wodurch natürlich nur sehr beschränkte Beträge zusammenkommen. Dies ist bei mehreren Vereinen, die nur kleiner Kapitalien bedürfen, wie die meisten Konsumvereine, durchgeführt worden und hat sich als ausreichend bewährt. Bei den allermeisten Vereinen war dies aber ungenügend, und es mußte ein anderer Weg eingeschlagen werden. Waren die Mitglieder vorzugsweise aus der Klasse der schon Wohlhabenden, so war freilich die Aufnahme von Darlehen und Kredit sehr leicht, indem nicht selten einzelne unter ihnen selbst größere Summen als Gläubiger vorzuschießen imstande waren. Doch gelten solche Fälle mehr als Ausnahmen, indem, wie gesagt, sich natürlich in der Regel mehr die unbemittelte Arbeiterklasse zu den Assoziationen drängt, die ja eben in deren Aufhilfe ihre Hauptaufgabe setzen. In dieser Rücksicht war aber der Haupthebel des Assoziationswesens, ... wo es zu irgend etwas Erheblichem gekommen ist, die solidarische Haft der sämtlichen Mitglieder für die von der Genossenschaft aufgenommenen Kredite ...

Der unbemittelte Arbeiter in seiner Vereinzelung, meine Herren, hat im Verkehr nur vermöge seiner Arbeitskraft ökonomischen Wert. Da aber die Arbeitskraft des einzelnen einer großen Masse von Zufällen preisgegeben ist, die nicht in seiner Gewalt stehen, so biete sie keine Sicherheit für die Kapitalanlage. Diesen Mangel kann der einzelne nur ergänzen, wenn er sich assoziiert, wenn er sich einer größeren Gruppe von Arbeitern zugesellt, welche ihn eintretendenfalls übertragen. Erst durch die Assoziation wird also der unbemittelte Arbeiter eigentlich kreditfähig. Denn was auch den einzelnen treffen und ihn außer Stand setzen kann, seine Verpflichtungen zu erfüllen, Krankheit, Not, oder Zufälle anderer Art: daß dem ganze Massen von Arbeitern unterliegen sollten, spricht gegen alle Erfahrung. Sobald also die Solidarität der Genossen dem einzelnen zur Seite steht, ist der Gläubiger gegen solche Unfälle gesichert. Nur dieses strenge Zusammenschließen, die Übertragung und Verteilung des durch den Ausfall eines einzelnen entstehenden Defekts auf alle, mit einem Wort: die solidarische Haft gibt den Arbeitern diejenige Kreditfähigkeit, mit der sie der Wohltaten des großen Kapitals teilhaftig werden ...

Was nun die einzelnen Arten der Genossenschaften betrifft, so lassen sie sich ihrem Hauptzwecke nach in sogenannte wirtschaftliche oder distributive unterscheiden, denen die produktiven gegenüberstehen. Die einen beschränken sich wesentlich auf die gemeinschaftliche Anschaffung gewisser Bedürfnisse im großen und ganzen, um die einzelnen Mitglieder in Stand zu setzen, sich die Vorteile des Großbetriebs für ihren Bedarf auch bei kleineren Quantitäten zu sichern. Die anderen wollen schon einen Schritt weitergehen, sie wollen die große Frage der Überleitung des kleinen Betriebs in den Großbetrieb direkt erfüllen und große produktive Etablissements für gemeinschaftliche Rechnung gründen ...

Hermann Schulze-Delitzsch, Das deutsche Assoziationswesen, Rede 1858, aus: Michel, S. 25

0X

Die politische Aktivität der Arbeiterschaft

Text 67

... Das eherne ökonomische Gesetz, welches unter den heutigen Verhältnissen, unter der Herrschaft von Angebot und Nachfrage nach Arbeit, den Arbeitslohn bestimmt, ist dieses: daß der durchschnittliche Arbeitslohn immer auf den notwendigen Lebensunterhalt reduziert bleibt, der in einem Volke gewohnheitsgemäß zur Fristung der Existenz und zur Fortpflanzung erforderlich ist. Dies ist der Punkt, um welchen der wirkliche Tageslohn in Pendelschwingungen jederzeit herum gravitiert, ohne sich jemals lange weder über denselben erheben, noch unter denselben hinunterfallen zu können. Er kann sich nicht dauernd über diesen Durchschnitt erheben – denn sonst entstände durch die leichtere, bessere Lage der Arbeiter eine Vermehrung der Arbeiterbevölkerung und somit des Angebots an Händen, welche den Arbeitslohn wieder auf und unter seinen früheren Stand herabdrücken würden.

Der Arbeitslohn kann auch nicht dauernd tief unter diesen notwendigen Lebensunterhalt fallen, denn dann entstehen – Auswanderungen, Ehelosigkeit, Enthaltung von der Kindererzeugung und endlich eine durch Elend erzeugte Verminderung der Arbeiterzahl, welche somit das Angebot von Arbeiterhänden noch verringert und den Arbeitslohn daher wieder auf den früheren Stand zurückbringt.

Der wirkliche durchschnittliche Arbeitslohn besteht somit in der Bewegung, beständig um jenen seinen Schwerpunkt, in den er fortdauernd zurücksinken muß, herumzukreisen, bald etwas über demselben (Periode der Prosperität in allen oder einzelnen Arbeitszweigen), bald etwas unter ihm zu stehen (Periode des mehr oder weniger allgemeinen Notstandes und der Krisen). Die Beschränkung des durchschnittlichen Arbeitslohnes auf die in einem Volke gewohnheitsmäßig zur Fristung der Existenz und zur Fortpflanzung erforderliche Lebensnotdurft – das ist also, ich wiederhole es Ihnen, das eherne und grausame Gesetz, welches den Arbeitslohn unter den heutigen Verhältnissen beherrscht . . .

Dieses eherne und grausame Gesetz, meine Herren, müssen Sie sich vor allem tief, tief in die Seele prägen und bei allem Ihren Denken von ihm ausgehen . . .

Betrachten wir einen Augenblick näher die Wirkung und Natur dieses Gesetzes. Sie ist mit anderen Worten folgende:

Von dem Arbeitsertrag (der Produktion) wird zunächst soviel abgezogen und unter die Arbeiter verteilt, als zu ihrer Lebensfristung erforderlich ist (Arbeitslohn).

Der ganze Überschuß der Produktion – des Arbeitsertrages – fällt auf den Unternehmeranteil.

Es ist daher eine Folge dieses ehernen und grausamen Gesetzes, daß Sie . . . sogar von der durch die Fortschritte der Zivilisation gesteigerten Produktivität, d.h. von dem gesteigerten Arbeitsertrage, von der gesteigerten Ertragsfähigkeit Ihrer eigenen Arbeit notwendig ausgeschlossen sind: Für Sie immer die Lebensnotdurft, für den Unternehmeranteil immer alles, was über dieselbe hinaus von der Arbeit produziert wird.

Weil aber bei sehr großen Fortschritten der Produktivität (der Ergiebigkeit der Arbeit) zugleich viele Industrieprodukte zur äußersten Billigkeit herabsinken, so kann es kommen, daß Sie durch diese Billigkeit nicht als

Produzenten, wohl aber als Konsumenten zunächst einen gewissen indirekten Vorteil von der gesteigerten Ergiebigkeit der Arbeit haben. Dieser Vorteil trifft Sie überhaupt nicht in Ihrer Tätigkeit als Produzenten, er trifft und ändert nicht die auf Ihren Anteil fallende Quote am Arbeitsertrag, er trifft nur ihre Lage als Konsumenten, wie er auch die Lage der Unternehmer als Konsumenten und auch die aller an der Arbeit gar nicht teilnehmenden Menschen als Konsumenten – und zwar in viel erheblicherem Grade als die Ihrige – verbessert.

Und auch dieser, Sie bloß als Mensch, nicht als Arbeiter treffende Vorteil verschwindet wieder durch jenes eherne und grausame Gesetz, welches den Arbeitslohn auf die Länge immer wieder auf das Maß der zum Lebensunterhalt notwendigen Konsumption herabdrückt ...

... Sollte das Prinzip der freien individuellen Assoziation der Arbeiter nicht vermögen, die Verbesserung der Lage des Arbeiterstandes zu bewirken?

Allerdings vermag es das – aber nur durch seine Anwendung und Ausdehnung auf die fabrikmäßige Großproduktion.

Den Arbeiterstand zu seinem eigenen Unternehmer machen – das ist das Mittel, durch welches – und durch welches allein – wie Sie jetzt sofort selbst sehen, jenes eherne und grausame Gesetz beseitigt sein würde, das den Arbeitslohn bestimmt!

Wenn der Arbeiterstand sein eigener Unternehmer ist, so fällt jene Scheidung zwischen Arbeitslohn und Unternehmergewinn und mit ihr der bloße Arbeitslohn überhaupt fort, und an seine Stelle tritt als Vergeltung der Arbeit: der Arbeitsertrag!

Die Aufhebung des Unternehmergewinns in der friedlichsten, legalsten und einfachsten Weise, indem sich der Arbeiterstand durch freiwillige Assoziationen als sein eigener Unternehmer organisiert, die hiermit und hiermit allein gegebene Aufhebung jenes Gesetzes, welches unter der heutigen Produktion von dem Produktionsertrag das eben zur Lebensfristung Erforderliche auf die Arbeiter als Lohn und den gesamten Überschuß auf den Unternehmer verteilt, das ist die einzige wahrhafte, die einzige seinen gerechten Ansprüchen entsprechende, die einzige nicht illusionäre Verbesserung der Lage des Arbeiterstandes.

Aber wie? Werfen Sie einen Blick auf die Eisenbahnen, die Maschinenfabriken, die Schiffsbauwerkstätten, die Baumwollspinnereien, die Kattunfabriken usw. usw., auf die zu diesen Anlagen erforderlichen Millionen, werfen Sie dann einen Blick in die Leere Ihrer Taschen und fragen Sie sich, wo Sie jemals die zu diesen Anlagen erforderlichen Riesenkapitalien hernehmen und wie Sie somit jemals den Betrieb der Großindustrie auf eigene Rechnung ermöglichen sollen?

Und gewiß ist nichts sicherer, nichts festerstehend, als daß Sie ihn niemals ermöglichen würden, wenn Sie ausschließlich und lediglich und allein auf Ihre isolierten Anstrengungen als Individuen reduziert bleiben.

Eben deshalb ist es Sache und Aufgabe des Staates, Ihnen dies zu ermöglichen, die große Sache der freien individuellen Assoziation des

Arbeiterstandes fördernd und entwickelnd in seine Hand zu nehmen und es zu seiner heiligsten Pflicht zu machen, Ihnen die Mittel und Möglichkeit zu dieser Ihrer Selbstorganisation und Selbstassoziation zu bieten . . .

Wie aber den Staat zu dieser Intervention vermögen? Und hier wird nun sofort sonnenhell die Antwort vor Ihrer aller Augen stehen: Dies wird nur durch das allgemeine und direkte Wahlrecht möglich sein. Wenn die gesetzgebenden Körper Deutschlands aus dem allgemeinen und direkten Wahlrecht hervorgehen – dann und nur dann werden Sie den Staat bestimmen können, sich dieser seiner Pflicht zu unterziehen . . .

Das allgemeine und direkte Wahlrecht ist also, wie sich jetzt ergeben hat, nicht nur Ihr politisches, es ist auch Ihr soziales Grundprinzip, die Grundbedingung aller sozialen Hilfe. Es ist das einzige Mittel, um die materielle Lage des Arbeiterstandes zu verbessern.

Wie nun aber die Einführung des allgemeinen und direkten Wahlrechts bewirken? . . .

Organisieren Sie sich als ein allgemeiner deutscher Arbeiterverein zu dem Zweck einer gesetzlichen und friedlichen, aber unermüdlichen, unablässigen Agitation für die Einführung des allgemeinen und direkten Wahlrechts in allen deutschen Ländern! . . .

Dies ist das Zeichen, das Sie aufpflanzen müssen! Dies ist das Zeichen, in dem Sie siegen werden! Es gibt kein anderes für Sie!

Ferdinand Lassalle, Offenes Antwortschreiben an das Zentralkomitee zur Berufung eines Allgemeinen Deutschen Arbeiterkongresses zu Leipzig (1863), aus: Schraepler, S. 183

Die Rolle des Staates

Text 68

. . . Der Staat muß einschreiten, um fernerem Verderben zu wehren, damit der Strom des Pauperismus nicht unaufhaltsam wachsend die gesegneten Augen des Vaterlandes unheilbringend überschwemme . . . Vom Staate verlangen wir, daß er nicht allein gebietend, sondern auch helfend und fördernd einschreite.

Zunächst muß die Regierung mit aller Strenge das Gesetz hinstellen und handhaben: daß durchaus keine Kinder vor zurückgelegter Schulzeit in Fabriken angestellt werden dürfen. Den Eltern muß unerbittlich das Recht genommen sein, ihre Kinder als Sklaven an die Industrie zu verkaufen . . . So wie die Sachen jetzt stehen, werden die Kinder benutzt, um die Löhne der Erwachsenen zu drücken; laßt die Unmündigen ausscheiden aus dem Kreise der Dienstbarkeit, und die Älteren finden eine bessere Vergütung für die Arbeit ihrer Hände. Selbst gehöre ich zu den Leitern der Industrie, allein vom Herzen verachte ich jede Schaffung von Werten und Reichtümern, die auf Kosten der Menschenwürde, auf Erniedrigung der arbeitenden Klassen begründet ist. Zweck der Maschine ist, den Menschen der tierischen Dienstbarkeit zu entheben, nicht ärgere Frohne zu schaffen . . .

Dann sorge der Staat für einen Volksunterricht, der ist, wie er sein soll, karge nicht mit der geistigen Saat, bestelle das Feld nicht durch Fronden, und es wird ein neues Geschlecht aufblühen, edler als das alte.

Demnächst muß die Dauer der Arbeit, wenigstens ein Maximum, gesetzlich festgestellt werden, eine Wohltat, die selbst dem Sklaven Amerikas zuteil wird .... Ebensogut wie das Gesetz den Sonntag zur Ruhe bestimmt, kann es den Feierabend feststellen ... Daß eine gesetzliche Norm möglich und für die Erhaltung eines tüchtigen Arbeiterstandes förderlich ist, lehrt der deutsche Bergbau. Die Schicht ist von acht bis zwölf Stunden täglich festgesetzt ... Der Knappschaftsverband sichert Unterstützung in Krankheitsfällen oder bei Invalidität. Durch diese einfache Organisation erscheint der Stand gesicherter und unabhängiger als wie jene Masse von Lohnarbeitern anderer Gewerbe. Proletarier werden so nicht gebildet.

Durch Einführung der Maschinen ist die tierische Kraft des Menschen im Preise gesunken, dagegen mehre man zur Herstellung des Gleichgewichts seine intellektuellen Fähigkeiten ... Allein auch auf die materiellen Bedürfnisse, gute und billige Nahrungsmittel und gesunde Wohnungen ist zu sorgen. Kleine Gärtnerwohnungen auf dem Lande haben sich in dieser Hinsicht praktisch erwiesen ... Die Eisenbahnnetze erlauben bei humaner Behandlung der unteren Klassen sich meilenweit um die Städte zu zerstreuen.

Kapital und Talent des Unternehmers halten die lockere Schar zusammen, er verabschiedet oder wirbt, wie Glück und Umstände es erheischen; Sold ist das einzige Band, wenn der Führer fällt, zerstäubt das Geleite!

Dieses Gefolge der Industrie, häufig ohne feste Heimat, ohne Hoffnung oder Zukunft, heute vergeudend, um morgen zu darben, fängt an durch seine bedenklich wachsende Zahl der Wohlfahrt der bürgerlichen Gesellschaft gefährlich zu werden.

Früher bemerkten wir bereits, daß es untunlich erscheint, den Fabrikherrn für den Unterhalt seiner Leute verantwortlich zu machen. Allein die Pflicht könnte dringend nahe gelegt werden, das System der wechselseitigen Unterstützung ... sowohl in Krankheitsfällen als wie Invalidität unter ihnen einzuführen und mit angemessenen Zuschüssen zu unterstützen. Sichert der Staat durch Zollschutz die Herrn, dann geschehe auch einiges für die Diener.

Der Arme, welcher in den kleinsten Quantitäten kauft, muß eben deshalb die teuersten Preise bezahlen. Diesem zu begegnen, könnte der Fabrikant seine Arbeiter zu einem Vereine sammeln, welcher die notwendigsten Bedürfnisse in größeren Massen anschaffte und unter sich verteilte. Allein bei dieser nützlichen Einrichtung dürfte der Arbeiter nicht aus der Hand in den Mund leben, sondern müßte eine gewisse Voraussicht und Sparsamkeit besitzen, welche nur eine bessere Volkserziehung gewährt ...

Nach jetzigen Verhältnissen leistet der Arbeiter gewisse Dienste gegen einen gewissen Lohn, wobei noch strenge Aufsicht stattfinden muß; weiter kümmert ihn weder die Wohlfahrt der Fabrik noch des Unternehmers. Die Arbeitskraft tritt noch zu roh und ungebildet auf, als daß eine engere Verbindung mit dem Kapitale möglich wäre. Denken wir uns indessen eine sittlich gebildete Masse von Individuen, dann könnte ein glückliches Verhältnis stattfinden. Außer den festen Löhnen wäre der Arbeit ein Anteil an Gewinn zuzugestehen, und Fleiß und Tätigkeit würden Wunder tun ... Das Verhältnis wäre nicht so schwierig, als wie manchem erscheinen mag. Der

Fabrikunternehmer steht da als Monarch, die Arbeiter wie beratende Stände, von Jahr zu Jahr einberufen ...

Das Kapital oder der Unternehmer brächte eigentlich kein Opfer, denn der so gestellte Gehilfe arbeitete mehr und besser ...

In solcher Weise würde es möglich, die Monopole des Reichtums zu brechen, die ... dem Lande nur verderblichen Früchte bringen ...

Die Zeit wird kommen, wo bei manchen Gewerben unser Vorschlag Eingang findet, denn der schroffe Gegensatz von großem Überfluß und Mangel wird täglich bedenklicher. Die Bevölkerung indessen, welche einen solchen Versuch macht, muß eine menschlichere Erziehung genossen haben, als wie die heutigen Proletarier der großen Industriellen ...

Friedrich Harkort, Die Industrie (1844), aus: Schraepler, S. 87

Text 69

Lassalle stimmte mit Marx und Engels in der Analyse der Situation der Arbeiterschaft unter dem System des Kapitalismus in vielen Punkten überein, bzw. er ist in dieser Frage Marx und „bürgerlichen“ Nationalökonomen wie Rodbertus und Ricardo gefolgt; er sprach von Klassen und Klassenherrschaft und von der unausbleiblichen Verelendung des Proletariats, die er von der Theorie des „ehernen Lohngesetzes“ herleitete, nach der der Lohn der Arbeiterschaft auf die Dauer das Existenzminimum nicht übersteigen kann. Bei Lassalle findet sich das gleiche Verständnis der geschichtlichen Situation wie bei Marx – beide bildeten sich ihre theoretischen Überzeugungen in der Auseinandersetzung mit Hegel. Es bestand auch bei Lassalle die scheinbare Spannung zwischen menschlicher Entscheidungsfreiheit und vorherbestimmter Entwicklung, die später das Selbstverständnis der sozialistischen Arbeiterbewegung in Deutschland empfindlich belasten sollte:

„Man kann nie eine Revolution machen, man kann immer nur einer Revolution, die schon in den tatsächlichen Verhältnissen einer Gesellschaft eingetreten ist, auch äußere rechtliche Anerkennung und konsequente Durchführung geben. Eine Revolution machen wollen, ist die Torheit unreifer Menschen, die von den Gesetzen der Geschichte keine Ahnung haben“ (Arbeiterprogramm).

Auch die Rolle des Proletariats in der Geschichte deutete Lassalle wie Marx und Engels:

„Dieser vierte Stand, in dessen Herzfalten daher kein Keim einer neuen Bevorrechtung mehr enthalten ist, ist eben deshalb gleichbedeutend mit dem ganzen Menschengeschlecht. Seine Sache ist daher in Wahrheit die Sache der gesamten Menschheit, seine Freiheit ist die Freiheit der Menschheit selbst, seine Herschaft ist die Herrschaft aller“ (Arbeiterprogramm).

Lassalles Endzielvorstellungen waren durchaus kommunistisch geprägt; die Ablösung des Grund- und Kapitaleigentums bezeichnete er einmal gegenüber seinem Briefpartner Rodbertus als den „innersten Kern“ seiner Ansicht. Die Verbindung zu dem „Staatssozialisten“ Rodbertus weist auf den entscheidenden Unterschied zwischen Marx und Lassalle hin: auf die der Theorie von Marx völlig entgegengesetzte Auffassung Lassalles von der Rolle des Staates bei der Emanzipation der Arbeiterschaft:

„Der Zweck des Staates ist somit der, das menschliche Wesen zur positiven Entfaltung und fortschreitenden Entwicklung zu bringen, mit anderen Worten, die menschliche Bestimmung – d.h. die Kultur, deren das Menschengeschlecht fähig ist – zum wirklichen Dasein zu gestalten; er ist die Erziehung und Entwicklung des Menschengeschlechts zur Freiheit" (Arbeiterprogramm).

„Das aber ist grade die Aufgabe und Bestimmung des Staates, die großen Kulturfortschritte der Menschheit zu erleichtern und zu vermitteln. Dies ist sein Beruf. Dazu existiert er; hat immer dazu gedient und dienen müssen . . ." (Offenes Antwortschreiben).

Lassalle schien also zu hoffen, daß der bestehende Staat auch bei der Emanzipation der Arbeiterklasse diese seine Aufgabe und Bestimmung erfüllen würde; überzeugt aber war er davon, daß die „Freiheit der Menschheit", die mit „der Sache des vierten Standes" gleichbedeutend war, nur im Staat zu vollenden war: „Der Staat ist es, welcher die Funktion hat, diese Entwicklung des Menschengeschlechtes zur Freiheit zu vollbringen" (Arbeiterprogramm).

Aus diesen theoretischen Einsichten entwickelte Lassalle sein politisches Programm für die Arbeiterbewegung: die Schaffung einer eigenen, vom Bürgertum getrennten Organisation, „die Vertretung des Arbeiterstandes in den gesetzgebenden Körpern Deutschlands" mit Hilfe des allgemeinen, gleichen und direkten Wahlrechts, die Einrichtung von Arbeiter-Produktivgenossenschaften mit Staatshilfe als Gegengewicht gegen den Kapitalismus, den Appell an Rechtsempfinden, Vernunft und Freiheitswillen der Mehrheit des Volkes, um auf diesen „friedlichen und legalen" Wegen schrittweise eine sozial und politisch gerechte Ordnung schaffen zu können.

Ob der Staat, in dem sich schließlich die „Entwicklung des Menschengeschlechts zur Freiheit" vollziehen sollte, als parlamentarische Demokratie gedacht war, muß bei dem Mangel an konkreten Äußerungen Lassalles zu diesem Problem offenbleiben. Parlamentarische Demokratie – oder „integrale" Demokratie, aufgebaut auf der „Spontaneität des Volkswillens", auf der revolutionären Tat des Führers und der „Diktatur der Wissenschaften": Die Organisation des ADAV durch Lassalle läßt das Argument nicht leicht von der Hand weisen, daß Lassalle diese Demokratie gemeint hat.

Grebing, S. 51

g) Das Entstehen von Arbeiter- und Bildungsvereinen

Die Anfänge der Arbeiterbewegung in Deutschland

Text 70

In Deutschland fehlte – im Gegensatz vor allem zu England – bis 1848 eine politische Arbeiterbewegung. Das lag in erster Linie nicht daran, daß hier die Industrialisierung später einsetzte als in den anderen westeuropäischen Ländern, sondern vor allem in der Unterdrückung aller freiheitlichen Regungen durch die deutschen Bundesstaaten vor 1848. Während in

England 1824/25 das Koalitionsverbot aufgehoben worden war, bestand in Deutschland das Verbot der politischen Vereinsbildung und der Koalition bis zur Revolution von 1848 uneingeschränkt; außerdem gab es eine strenge Zensurgesetzgebung. Wohl sind soziale Selbsthilfeorganisationen wie Kranken-, Hilfs- und Sterbekassen der Handwerker, in denen man wohl die Urformen gewerkschaftlicher Betätigung sehen kann, seit Anfang des 19. Jahrhunderts nachgewiesen, ebenso Streiks seit Ende des 18. Jahrhunderts, die sich meist in Arbeitsniederlegungen, auch Auszug der streikenden Gesellen aus den Städten, gelegentlich als Generalstreik äußerten. Seit den dreißiger Jahren entstanden Bildungsvereine, zum Teil unter Mitwirkung des liberalen Bürgertums, zum Teil auf Initiative allein der Gesellen und Arbeiter (1833 der Brauereiarbeiter in Erlangen, der Buchhandlungsgehilfen in Leipzig), in denen Vermittlung von Wissen und Bildung, Aussprache über Tagesfragen und Geselligkeit mit unterschiedlichem Gewicht das Programm bestimmten.

Eine politische Aktivität entfaltete sich im geheimen – erst in den Bildungsvereinen der wandernden Gesellen im Ausland: in Frankreich, in der Schweiz, in England. So entstand – um nur die wichtigsten Vereine zu nennen – 1834 in Bern als politischer Geheimbund das „Neue Deutschland“, später „Junges Deutschland“, in Paris im gleichen Jahr der „Bund der Geächteten“, von dem sich 1837 der „Bund der Gerechten“ abspaltete, den Wilhelm Weitling einige Jahre ideologisch und programmatisch beeinflußte. Nach 1840 verschob sich das Gewicht des Bundes immer mehr von Paris nach London. Von hier aus kam es auch zu der bekannten Verbindung des „Bundes der Gerechten“ mit Marx und Engels. Auf einem Kongreß im Juni 1847 in London nahm die Organisation den Namen „Bund der Kommunisten“ an; das neue Statut, das auf einer zweiten Versammlung im Dezember 1847 beschlossen wurde, zeigte bereits den Einfluß von Marx und Engels . . .

Der Dualismus von sozialer Revolution und sozialer Reform, von proletarischem Klassenbewußtsein und bürgerlich geprägtem Standesbewußtsein, der sich später widerspiegelte in den ständigen Auseinandersetzungen zwischen den verschiedenen Lagern innerhalb der sozialdemokratischen Arbeiterbewegung, hat im Jahre 1848 seinen Ursprung. Das Scheitern der Revolution von 1848 machte zunächst alle Ansätze einer eigenständigen Arbeiterbewegung zunichte, wenn sich auch deutlich erkennbar organisatorische und personelle Verbindungslinien bis in das Jahr 1863, dem Gründungsjahr des „Allgemeinen Deutschen Arbeitervereins“ ziehen lassen.

1854 wurde die „Arbeiterverbrüderung“ durch Bundesgesetz verboten; nur unpolitische und konfessionelle Arbeitervereine konnten weiterarbeiten. Zu diesen Vereinen gehörte auch der Katholische Gesellenverein. Der ehemalige Schustergeselle Adolf Kolping (1813–1865), der 1845 Priester geworden war und sein erstes Amt als Kaplan in Elberfeld antrat, wirkte hier seit Mai 1847 als geistlicher Präses in dem im Herbst 1846 gegründeten katholischen Handwerksgesellenverein. Von hier aus breiteten sich die katholischen Gesellenvereine über ganz Deutschland aus: 1851 gab es schon eine Gesamtorganisation „Katholischer Gesellenvereine", zu der 1855 104 Vereine mit 12 000 Mitgliedern gehörten. Religiöse Belehrung, berufliche Weiterbildung und familiäre Geselligkeit waren die Formen, die das Leben in den katholischen Gesellenvereinen gestalteten. Kolpings Größe lag nicht so sehr in der theoretischen Begründung seiner Arbeit, sondern in der praktischen Sozialarbeit, die er über den katholischen Raum hinaus vorbildhaft beeinflußte. Zu jener Zeit entstanden auch die ersten katholischen Arbeitervereine, der erste 1847 in Regensburg, dann in Nürnberg und anderen Städten Süddeutschlands, die aber sehr bald wieder ihre Arbeit einstellten. Im Revolutionsjahr 1848 lassen sich nicht nur die ersten größeren Ansätze zu einer katholischen Partei beobachten, 1848 fand auch die erste Generalversammlung der katholischen Vereine (Katholikentag) in Mainz (3.–6. Okt.) statt, wo zum ersten Mal in der Öfentlichkeit und vor dem breitesten Forum, das den deutschen Katholiken zur Verfügung stand, über die „sozialen Mißverhältnisse und Übelstände" diskutiert wurde.

Grebing S. 40 ff.

Christliche Arbeitervereine

Text 71

Auf der Basis dieser päpstlichen Sozialenzyklika entwickelten sich nach 1891 in Deutschland die katholischen Arbeitervereine, arbeitete der Volksverein für das katholische Deutschland und entstanden schließlich die Christlichen Gewerkschaften. Als erste Schritte zu einer späteren berufsständischen Organisation der Gesamtgesellschaft strebten die Sozialpolitiker der Zentrumsfraktion im Reichstag, bei der Ausgestaltung der Sozialpolitik die berufsgenössische Organisation der Arbeiterversicherungen und die Zusammenarbeit von Unternehmern und Arbeitern in den Betrieben an. Doch nicht mehr die gesellschaftlichen Reformen standen innerhalb des deutschen Katholizismus während der hier behandelten Zeit im Vordergrund, sondern sozialpolitische Einzelmaßnahmen und -erfolge auf der Basis der nun grundsätzlich anerkannten kapitalistischen Wirtschafts- und Sozialordnung. . . .

Seit 1891 kam es zu regionalen Zusammenschlüssen (zuerst in Süddeutschland, Sitz München), die 1911 – ohne Berlin – einen Kartellverband bildeten. Die Mitgliederzahl betrug 1914 etwa 500 000; seit 1898 hatten die katholischen Arbeitervereine auch ein weitverbreitetes Wochenblatt zur Verfügung, die ‚Westdeutsche Arbeiterzeitung'. Die Vereine standen ausnahmslos unter geistlicher Führung; ihre Aufgaben bestanden in der kirchlich-religiösen Betreuung, in der Abwehr des Sozialismus, vor allem aber in der „Standeserziehung" ihrer Mitglieder: „von der Klasse zum Stand" sollte die Arbeiterschaft erzogen werden. Besondere Fach- oder Berufsabteilungen innerhalb der Katholischen Arbeitervereine sollten die speziellen Berufsinteressen vertreten (Einrichtung von Arbeitsnachweisen, Rechtsberatung, Fachunterricht und Anregungen bei Arbeitgebern, Gemeindeverwaltungen usw.). Die Arbeitervereine übernahmen also weder gewerkschaftliche noch politische Aufgaben (in den Statuten hieß es: „Politische Bestrebungen sind ausgeschlossen") und waren als Vorstufe zu den Gewerkschaften gedacht.

Eine starke Stütze für Katholische Arbeitervereine und Christliche Gewerkschaften war der „Volksverein für das katholische Deutschland". Er hatte seine Zentralstelle in M.-Gladbach (Leiter seit 1892 August Pieper); Ortsgruppen und Vertrauensmänner verteilten sich über das ganze Land; eine Mark Mitgliedsbeitrag im Jahr sollte es jedem ermöglichen, dem Verein anzugehören: bis 1900 – in der Phase des Aufbaus – gewann er 182 000 Mitglieder, 1914 erreichte er die Zahl von 805 000. Die weitgespannte Aktivität des Vereins bezog sich hauptsächlich auf drei Arbeitsgebiete: Publizistik, Ausbildung und Schulung, praktische soziale Hilfestellung.

Grebing, S. 122

Die Enzyklika „Rerum novarum" (1891), die Grundlage katholischer Sozialpolitik

Text 72

Papst Leo XIII. sagt: „*Arbeiten* heißt seine Kräfte anstrengen zur Beschaffung der irdischen Bedürfnisse, besonders des notwendigen Lebensunterhaltes. „Im Schweiße deines Angesichtes sollst du dein Brot essen" (Gen. 3, 19). Zwei Eigenschaften wohnen demzufolge der Arbeit inne: Sie ist persönlich, insofern die bestätigte Kraft und Anstrengung persönliches Gut des Arbeitenden ist; und sie ist notwendig, weil sie den Lebensunterhalt einbringen muß und eine strenge natürliche Pflicht, die Erhaltung des Daseins gebietet." („R.n." Nr. 34)

„Die Arbeit, nach der er damals wie nach einem Genusse freiwillig verlangt hätte, wurde ihm nach dem Sündenfall als eine notwendige Buße auferlegt, deren Lasten er spüren muß. ‚Verflucht sei die Erde in deinem Werke; mit Arbeit sollst du von ihr essen, alle Tage deines Lebens' (1 Mos. 3, 17). In gleicher Weise werden immer auch die übrigen Beschwernisse auf dieser Erde wohnen, weil die Folgen der Sünde als bittere Begleiter an der Seite des Menschen bis zu seinem Tode haften. Leiden und Dulden ist einmal der Anteil unseres Geschlechtes, und so große Anstrengungen man auch zur Besserung des Daseins machen mag, die Gesellschaft wird niemals frei von großer Plage werden. Die, die vorgeben, sie könnten es dahin bringen, die dem armen Volke ein Leben ohne Not und nur voll Ruhe und Genuß vorspiegeln, täuschen fürwahr die Menschen mit einem Truge, der nur größere Übel zur Folge haben wird als die, an denen die gegenwärtige Gesellschaft krankt. Das einzig richtige ist, die Dinge zu nehmen, wie sie wirklich sind, und das Linderungsmittel anderswo aufsuchen." („R.n." Nr. 14)

Papst Leo XIII. hatte den Arbeitgebern eingeschärft: „Die Arbeiter dürfen nicht wie Sklaven angesehen und behandelt werden; ihre persönliche Würde, geadelt durch ihre Würde als Christen, werde stets heilig gehalten; Handwerk und Arbeit erniedrigen sie nicht, vielmehr muß, wer vernünftig und christlich denkt, es ihnen als Ehre anrechnen, daß sie selbständig ihr Leben unter Mühe und Anstrengungen unterhalten; *unehrenvoll* dagegen *und unwürdig ist es, Menschen* bloß *zu eigenem Gewinn auszubeuten* und sie nur so hoch zu taxieren, wie ihre Arbeitskräfte reichen.

Eine weitere Vorschrift schärft ein: „Habt auch die gebührende Rücksicht auf das geistige Wohl und die religiösen Bedürfnisse der Arbeiter; ihr seid verpflichtet, ihnen Zeit zu lassen für ihre gottesdienstlichen Übungen, ihr dürft sie nicht der Verführung und sittlichen Gefahren bei ihrer Arbeitsleistung aussetzen; den Sinn für Häuslichkeit und Sparsamkeit dürft ihr ihnen nicht ersticken.

Es ist ungerecht, sie mit mehr Arbeit zu beschweren, als ihre Kräfte tragen können oder Leistungen von ihnen zu fordern, die mit ihrem Alter oder Geschlecht in Widerspruch stehen." („R.n." Nr. 16)

Und an anderer Stelle heißt es in ‚Rerum novarum': ‚Wenn also auch immerhin die Vereinbarung zwischen Arbeiter und Arbeitgeber, insbesondere hinsichtlich des Lohnes, beiderseitig frei geschieht, so bleibt dennoch eine Forderung der natürlichen Gerechtigkeit bestehen, die nämlich, daß der Lohn nicht etwa so niedrig sei, daß er einem genügsamen, rechtschaffenen Arbeiter den Lebensunterhalt nicht abwirft. Diese schwerwiegende Forderung ist unabhängig von dem freien Willen der Vereinbarenden. Gesetzt, der Arbeiter beugt sich aus reiner Not oder um einen schlimmeren Zustand zu umgehen, den allzu harten Bedingungen, die ihm nun einmal vom Arbeitsherrn oder Unternehmer auferlegt werden, so heißt das Gewalt leiden, und die Gerechtigkeit erhebt gegen einen solchen Zwang Einspruch.' („R.n." Nr. 34)

„Endlich können und müssen aber auch die Arbeitgeber und die Arbeiter selbst zu einer gedeihlichen Lösung der Frage durch Maßnahmen und Einrichtungen mitwirken, die den Notstand möglichst heben und die eine Klasse der andern näher bringen helfen. Hierher gehören Vereine zu gegenseitiger Unterstützung, private Veranstaltungen zur Hilfeleistung für den Arbeiter und seine Familie bei plötzlichem Unglück, in Krankheits- und Todesfällen, Einrichtungen zum Schutze für Kinder, jugendliche Personen oder auch Erwachsene." („R.n." Nr. 36)

Pius XII., Christliche Soziallehre, S. 96 ff.

h) Die Gewerkschaften

Text 73

Programmatische Richtlinien der christlichen Gewerkschaften (1899)

1. Charakter der Gewerkschaften

Die Gewerkschaften sollen interkonfessionell sein, d.h. Mitglieder beider christlicher Konfessionen umfassen, aber auf dem Boden des Christentums stehen.

Die Gewerkschaften sollen weiter unparteiisch sein, d.h. sich keiner bestimmten politischen Partei anschließen.

Die Erörterung parteipolitischer Fragen ist fernzuhalten, aber die Herbeiführung gesetzlicher Reformen auf dem Boden der bestehenden Gesellschaftsordnung zu erörtern.

2. Umfang und Einrichtung der Gewerkschaften

Es sind tunlichst für die Angehörigen der einzelnen Berufsstände und für geschlossene Industriebezirke Gewerkschaften zu gründen. Diese erstreben die Vereinigung gleichartiger Gewerkschaften behufs besserer Durchführung der vorgesteckten Ziele.

Die Gewerkschaften setzen sich aus Ortsgruppen zusammen. Die Ortsgruppen wählen sich nach Zahl ihrer Mitglieder Delegierte. Die Delegierten aller Ortsgruppen zusammen bilden die Generalversammlungen der Gewerkschaften, von welchen die Vorstände zu wählen sind.

3. Aufgaben der Gewerkschaften

Als solche gelten im allgemeinen die Hebung der leiblichen und geistigen Lage der Berufsgenossen. Es empfiehlt sich aber, im Programm der Gewerkschaft zu den wichtigsten Fragen des Gewerbes eine den christlichen und nationalökonomischen Prinzipien entsprechende Stellung zu nehmen, als da sind: Lohnfrage, Frage der Arbeitszeit usw.

In Ermangelung genügend gebotener gesetzlicher Versicherung für Krankheit, Unfälle, Arbeitslosigkeit, Arbeitsnachweis und Invalidität haben die Gewerkschaften durch Schaffung entsprechender Kassen und Institute das Fehlende zu ersetzen.

Eine besondere Aufgabe der Gewerkschaften ist, die Durchführung der zum Schutze von Sittlichkeit, Gesundheit und Leben der Arbeiter erlassenen gesetzlichen und gewerbepolizeilichen Bestimmungen zu überwachen und den Mitgliedern Rechtsschutz zu gewähren. Ferner sollen sie auch Arbeiterwohlfahrtseinrichtungen, Arbeiterausschüsse, Gewerbegerichte usw. anstreben.

4. Mittel zur Durchführung der Aufgaben

Solche sind Erhebungen über die Verhältnisse der Arbeiter bezüglich der einzelnen sozialen und gewerblichen Fragen.

Belehrende und bildende Vorträge über die sozialen und gewerblichen Fragen des Berufsstandes.

Schaffung eines Vereinsorgans, welches den Mitgliedern unentgeltlich zur Verfügung gestellt wird.

Von Wichtigkeit ist, bei Erhebungen zahlenmäßiges Material zu sammeln, welches bei Verhandlungen mit den Arbeitgebern, in Beschwerden, Eingaben und Petitionen an die Arbeitgeber, Gewerbeinspektionen, Behörden, Handelskammern, Parlamente usw. entsprechend zu verwerten ist.

In Vorträgen sind besonders die sozialpolitischen Versicherungs- und Schutzgesetze zu behandeln, sowie die berechtigten Bestrebungen auf diesen Gebieten zu erörtern, ferner die Lage des Gewerbes und die Bestrebungen der Berufsgenossen in anderen Distrikten und Ländern. Im Organ soll das ganze Leben und Wirken, sowie die Bestrebungen der Gewerkschaft gleichsam verkörpert werden. Die Schriftleitung ist einem praktisch erfahrenen Berufsgenossen zu übertragen, woneben tunlichst sozialpolitisch und nationalökonomisch geschulte Kräfte als Mitarbeiter zu gewinnen sind.

5. Taktik der Gewerkschaften

Es ist nicht zu vergessen, daß Arbeiter und Unternehmer gemeinsame Interessen haben, darauf beruhend, daß beide Teile nicht allein als zusammengehörige Faktoren der Arbeit der letzteren Recht auf angemessene Entlohnung gegenüber dem Kapital, sondern vor allem die Interessen der Erzeugung von Gütern gegenüber dem Verbrauch derselben zu vertreten haben. Beide Teile beanspruchen mit Recht eine größtmögliche Verzinsung ihres in der Erzeugung von Gütern enthaltenen Kapitals: der Unternehmer seines Kapitals und der Arbeiter seiner Arbeitskraft. Ohne beides, Kapital und Arbeitskraft, keine Produktion.

Darum soll die ganze Wirksamkeit der Gewerkschaften von versöhnlichem Geiste durchweht und getragen sein. Die Forderungen müssen maßvoll sein, aber fest und entschieden vertreten werden.

Der Ausstand darf nur als letztes Mittel, und wenn Erfolg verheißend, angewandt werden.

Schraepler, Bd. 2, S. 145

Der Chartismus (1834–1848)

Die sechs Punkte der Volkscharta (1837) **Text 74**

1. Eine Stimme für jeden Mann, der mindestens einundzwanzig Jahre alt und geistig gesund ist und nicht eine Strafe für ein Verbrechen verbüßt.

2. Der *geheime Stimmzettel.* – Um den Wähler bei der Stimmabgabe zu schützen.

3. *Kein Eigentums-Zensus* für Parlamentsmiglieder – um so den Wahlkreisen die Entsendung des Mannes ihrer Wahl zu ermöglichen, sei er reich oder arm.

4. *Bezahlung der Abgeordneten,* um einem ehrlichen Handwerker, Arbeiter oder einer anderen Person zu ermöglichen, seinem Wahlkreis zu dienen, wenn er seine Erwerbstätigkeit aufgibt, um den Interessen des Landes zu dienen.

5. *Gleiche Wahlkreise,* die dieselbe Anzahl Vertreter für dieselbe Anzahl Wähler sichern – anstatt daß kleine Wahlkreise die Stimmen von größeren überwältigen dürfen.

6. *Jährliche Legislaturperioden,* als wirksamste Einschränkung von Bestechung und Einschüchterung, weil zwar ein Wahlkreis alle sieben Jahre einmal gekauft werden könnte (selbst bei geheimer Wahl), aber keine Geldbörse einen Wahlkreis (bei allgemeinem Wahlrecht) alle zwölf Monate erneut kaufen könnte; und weil Abgeordnete, die nur für ein Jahr gewählt werden, außerstande wären, ihre Wähler so zu mißachten und zu verraten wie heute.

Für die Organisation einer Gegenkultur **Text 75**

Ihr müßt Eure eigenen sozialen und politischen Erneuerer werden, sonst werdet ihr nie zur Freiheit gelangen. Denn wahre Freiheit kann nicht durch parlamentarische Gesetze oder fürstliche Dekrete gewährt werden, sondern muß aus dem Wissen, der Moral und der politischen Reife *(public virtue)* unseres Volkes entspringen ... wenn der soziale und politische Überbau nicht auf die *Intelligenz* und *Moral* des Volkes gegründet wäre, dann würden [Revolutionen] nur Despotismus durch Despotismus und nur eine Gruppe Unterdrücker durch eine andere ersetzen ... Da wir die meisten unserer sozialen Leiden auf die Klassengesetzgebung zurückführen, haben wir eine politische Reform nach den Grundsätzen der Volkscharta vorgeschlagen... Wir haben großartige und nützliche Mittel auf närrische Schaustellungen und albernen Pomp verschwendet, wollten eher die Gefühle als den Verstand ansprechen und äfften die Rituale einer aufgeputzten und korrupten Aristokratie nach.

... Unsere öffentlichen Versammlungen waren zu oft Arenen der leidenschaftlichen Schmähung, des Cliquengeistes und der Heldenanbetung... Obwohl die Erlangung politischer Macht wesentlich ist, um [unserm Volk] überhaupt die Verbesserung seiner physischen Lage zu ermöglichen, glauben wir doch, daß eine bedeutende Besserung des sozialen Wohlergehens erreicht werden kann (trotz einer korrupten und degradierenden Regierung), wenn Nüchternheit und moralische Kultur allgemeinere Verbreitung erführen ... Ohne zu beabsichtigen, die bereits gegründeten Vereinigungen zu bekämpfen, ... empfehlen wir [die Gründung einer] *Nationalen Vereinigung des Vereinigten Königreichs zur Förderung der politischen und sozialen Emanzipation des Volkes.* – 1. Zur Zusammenfassung von Menschen aller Konfessionen, Klassen und Ansichten, die die soziale und politische Emanzipation des Volkes fördern wollen, in einer Körperschaft. 2. Zur Erzeugung und Ausdehnung einer aufgeklärten öffentlichen Meinung zugunsten der *Volkscharta*... 3. Zur Anstellung von soviel *Agitatoren (missionaries)* wie nötig sind, um die verschiedenen Gegenden des Landes zu besuchen... 4. Zur Einrichtung von *Wanderbüchereien* ... 5. Für die unregelmäßige Herausgabe von *Broschüren* und *Flugschriften*... und, wenn die Organisation aufgebaut ist, die Veröffentlichung einer nationalen Monats- oder Vierteljahresschrift. 6. Zur Errichtung von *Versammlungshallen* oder *Arbeiterschulen*..., die tags als *Kindergarten*, als *Grund-* und *Mittelschulen*... und abends von Erwachsenen für *Vorlesungen* über physische, moralische und politische Wissenschaft benutzt werden... Solche Hallen haben zwei schöne Spielplätze ..., Lehrerwohnungen, heiße und kalte Baderäume, ein kleines Museum, ein Laboratorium und eine allgemeine Werkstatt ... 7. Zur Gründung... von *Lehrerakademien* ... 8. Zur Gründung von *Landwirtschafts- und Industrie-Akademien*...

William Lovett/John Collins, Chartismus (1841), aus: E. Grassi (Hsg.), Die Frühsozialisten 1789–1848, Bd. 1, S. 124

Die Trade-Unions in England **Text 76**

Bericht der Königlichen Kommission über Trade Unions (1867–1869)

26. Die Ziele der Trade-Unions sind im allgemeinen zweifacher Art:

Erstens die einer üblichen befreundeten oder wohltätigen Gesellschaft, nämlich den Mitgliedern der Vereinigung Unterstützung zu gewähren, wenn sie durch Unfall oder Krankheit arbeitsunfähig geworden sind, eine Summe für die Begräbniskosten der Mitglieder und ihrer Frauen zu bewilligen und manchmal den aus Altersgründen arbeitsunfähigen Mitgliedern ein Ruhegehalt auszusetzen.

Zweitens die einer eigenen gewerblichen Vereinigung, nämlich die Interessen der arbeitenden Klassen in den verschiedenen Gewerben zu wahren und zu fördern, sie im besonderen vor dem unangemessenen Übergewicht zu beschützen, das die Herrschaft über ein großes Kapital nach ihrer Meinung dem Arbeitgeber verleiht . . .

28. Eines der konstantesten Ziele der Trade-Unions ist es, für ihre Mitglieder die beste Lohnrate, die sie erreichen können, zu erhalten und die Stunden zu vermindern, in denen die Löhne verdient werden. Ein weiteres Ziel ist die gleichmäßigere Arbeitsverteilung unter den Angehörigen des Gewerbes und die Verteilung auf eine größere Zahl von Arbeitern, als sie unter dem Einfluß uneingeschränkten Wettbewerbs vorherrschen würde. Dies Ziel soll erreicht werden durch den Versuch, ein einheitliches Lohnminimum durchzusetzen.

29. Die Aktivität, mit der die Trade-Unions diese Absichten zu verwirklichen suchen, ist zweierlei Art: direkt und indirekt. Die direkte Aktion erfolgt über Maßnahmen, die „Streik" genannt werden, eine gleichzeitige Arbeitsniederlegung durch die Arbeiter. Der Streik ist die äußerste Zwangsmaßnahme zwischen Arbeitern und Arbeitgebern von all den Forderungen, auf denen die Vereinigung besteht. Gewöhnlich geht ihm die Ankündigung voraus, daß die Männer die Arbeit gemeinsam niederlegen, wenn das geforderte Zugeständnis nicht gewährt wird. Wenn diese Ankündigung nicht die gewünschte Wirkung hat, wird der Fall gewöhnlich der leitenden Körperschaft der Vereinigung vorgelegt, und wenn das vorgeschlagene Verfahren angenommen wird, wird der Streik organisiert und die Männer werden von der Arbeit abgerufen . . .

31. Die Untersuchung scheint nicht zu bestätigen, daß die Bereitschaft zum Streik auf seiten der Arbeiter an sich eine Schöpfung des Gewerkschaftswesens ist oder daß die Häufigkeit von Streiks im Verhältnis zu der Stärke der Unions zunimmt. Tatsächlich wird von den Führern der Trade-Unions versichert, daß die bestehenden Vereinigungen die Verringerung und ganz gewiß die Unruhe bei Streiks vermindern und mehr eine Regelung von Löhnen und Arbeitsstunden garantieren wollen, als sich auf ständige Bemühungen, sie zu verbessern, festzulegen. . .

32. Die indirekten Aktivitäten, von denen oben gesprochen wurde, sind mehr komplexer Natur; aber man kann bemerken, daß sie sich auflösen lassen in

Erstens, den Versuch, die Zahl der Arbeiter, die in irgendeinem Industriezweig beschäftigt werden sollen, zu begrenzen und so ein Arbeitsmonopol zu schaffen mit der daraus resultierenden Macht, eine höhere Lohnrate zu erzwingen.

Zweitens, den Wettbewerb unter den Arbeitern selbst zu unterdrücken. . .

34. Das Arbeitsmonopol soll durch Regelungen erreicht werden oder

durch die Praktik, die stillschweigend von den Mitgliedern der Unions angenommen wurde, die Zahl der Lehrlinge in einem Gewerbe zu beschränken und soweit wie möglich Arbeiter, die nicht zu den Unions gehören, von der Arbeit auszuschließen. Die Begrenzung der Lehrlingszahl wird nicht von allen Unions betont, aber es handelt sich um eine Sache, der einige von ihnen die größte Wichtigkeit beimessen. . .

36. Aus demselben Grund werden Einwände gegen die Beschäftigung von Frauen bei gewissen Arten der Arbeit erhoben. . . .

Auswirkung der Trade-Unions auf den Charakter der Arbeiter und ihre Beziehungen zu den Arbeitgebern:

Die Arbeitgeber beschweren sich, daß die Trade-Unions den Geist des Antagonismus zwischen ihnen und ihren Arbeitern genährt haben, der früher nicht bestanden habe. Es gibt das herzliche und freundliche Gefühl nicht mehr, das zwischen den beiden Klassen früher alltäglich war. Die Arbeiter bemühen sich weniger als früher darum, sich mit den letzteren gut zu stehen, da sie mehr auf die Zustimmung ihrer Unions als ihrer Arbeitgeber achten. Für ihren Part empfinden die Arbeitgeber nicht länger die Verpflichtung, die Interessen ihrer Arbeiter zu berücksichtigen und ihnen in schwierigen Zeiten zu helfen. Mißverständnisse, die oft schnell beseitigt werden könnten, wenn es noch eine freie und freundliche Beziehung zwischen ihnen gäbe, werden übertrieben und verlängert. Das sind die Behauptungen der Arbeitgeber. Man kann aber nicht sagen, daß sie von den Anhängern der Unions sachlich erschüttert oder energisch zurückgewiesen werden. Sie scheinen diese Gefühle, mit denen die Arbeitgeber den Verfall bedauern, eher als mißverstandene Begriffe von Minderwertigkeit auf der einen und Patronatsrecht auf der anderen Seite anzusehen.

46. . . . Es wird gesagt, daß die bessere Klasse unter den Arbeitern unter dem Einfluß der Trade-Unions dabei ist, ihr Selbstvertrauen und ihre Unabhängigkeit zu verlieren, wodurch sie sich früher zu unterscheiden pflegten. Der Wunsch des Arbeiters, sich hervorzutun, das Beste, was in seinen Kräften steht, zu tun, um den Arbeitgeber zufriedenzustellen, sich zu verbessern und, wenn möglich, in der Welt emporzukommen, wird durch die Knechtschaft unterdrückt, in der ihn die Regeln der Unions halten, und durch die systematische Mißbildung von seiten seiner Union-Kameraden aller Anstrengungen, über ein Durchschnittsniveau der Bemühung hinauszugehen, das die Unions beibehalten wollen . . .

Tenbrock/Kluxen/Stier, Zeiten u. Menschen, Bd. 2 (Paderborn 1970), S. 247.

Verlautbarungen zur Begründung von Gewerkschaften **Text 77**

Durch die technische und kapitalistische Entwicklung wird die Produktivität der Arbeit gesteigert. Um alle Vorteile der Entwicklung ausnutzen zu können, vereinigen sich die Unternehmer in Kartellen, Arbeitgeberverbänden und ähnlichen Organisationen. Die Unternehmerverbände sind Machtfaktoren im wirtschaftlichen und politischen Leben, die den Kapitalprofit steigern, den politischen Einfluß der Unternehmer heben, aber die Arbeiter oft zu modernen Leibeigenen des Kapitals herabdrücken.

Die Abhängigkeit der Arbeiter vom einzelnen Unternehmer wird gesteigert durch Mietsverträge bei Überlassung von Wohnungen, durch Pensionskassen und andere sogenannte Wohlfahrtseinrichtungen, die aus den für Arbeitslohn bestimmten Summen unterhalten werden. Die staatsbürgerlichen Rechte der Arbeiter, Freizügigkeit, Koalitionsrecht usw. werden beschränkt und oft völlig vernichtet durch Verträge der in Unternehmerverbänden organisierten Kapitalisten.

Der große Einfluß der Unternehmerverbände (Zentralverband deutscher Industrieller usw.) auf Gesetzgebung und Verwaltung wird ausgenutzt, um die Ausbeutung und Unterdrückung der Arbeiter zu steigern. Jedes Gesetz sucht der Zentralverband so zu formen, wie es dem Ausbeuterinteresse entspricht.

Dem Beispiel der Unternehmerverbände müssen die organisierten Arbeiter folgen und alle Gesetzesvorlagen darauf prüfen, wie sie für die Arbeiter im allgemeinen und für die einzelnen Berufe im besonderen wirken. Alle Bedenken gegen ganze Gesetze oder einzelne Teile von Gesetzen sowie Verbesserungsvorschläge der Arbeiter müssen in Resolutionen zusammengefaßt und den gesetzgebenden Körperschaften zur Kenntnisnahme unterbreitet werden.

Um bestehende Mißstände zu beseitigen und die Entstehung neuer Mißstände zu verhindern, fordert der Gewerkschaftskongreß für alle Personen, die für Lohn oder Gehalt körperliche oder geistige Arbeitskraft im Dienste anderer stellen, ein einheitliches Arbeiterrecht, wodurch das Vertragsverhältnis zwischen Arbeiter und Unternehmer so geregelt wird, daß die Arbeiter vor Übervorteilung geschützt und die staatsbürgerlichen Rechte der Arbeiter sichergestellt sind; ferner fordert der Gewerkschaftskongreß den Erlaß von Gesetzen und Verordnungen zum Schutze der Gesundheit der Arbeiter und Einrichtungen, die den Arbeiter vor Versinken in Pauperismus so weit bewahren, als es in der kapitalistischen Gesellschaft möglich ist.
Insbesondere fordert der Kongreß:

I. Zur Sicherung der Rechtsverhältnisse:
1. Arbeiterkammern;
2. volle Koalitionsfreiheit für alle gegen Lohn und Gehalt beschäftigten Personen;
3. zwingendes Recht für alle zum Schutze der Arbeiter erlassenen Gesetzesbestimmungen, damit sie nicht durch Verträge aufgehoben werden können;
4. eine gesetzliche Grundlage für kollektive Arbeitsverträge (Tarifverträge);
5. Verbot des Trucksystems in allen Formen.

II. Zum Schutz von Leben und Gesundheit:
1. Festsetzung eines höchstens acht Stunden betragenden Normalarbeitstages;
2. Verbot der Erwerbsarbeit für Kinder unter vierzehn Jahren;
3. Verbot der Nachtarbeit, außer für solche Arbeiten, die ihrer Natur

nach aus technischen Gründen oder aus Gründen der öffentlichen Wohlfahrt des Nachts getan werden müssen;

4. eine ununterbrochene Ruhepause von mindestens sechsunddreißig Stunden in der Woche für jeden Arbeiter;
5. durchgreifende gewerbliche Hygiene; Erlaß von wirksamen Krankheitsverhütungsvorschriften;
6. Unfallverhütung, unter Beteiligung der Arbeiter an der Kontrolle.

III. Zur Bewahrung vor Versinken in Pauperismus:
Vereinheitlichung und Ausdehnung der Arbeiterversicherung unter der Selbstverwaltung der Versicherten

a) Entschädigungsbeträge bei den bestehenden Versicherungszweigen in der Höhe, daß die Kranken, Verunglückten und Invaliden vor Not geschützt sind;
b) Schaffung einer Mutterschaftsversicherung;
c) Schaffung einer Arbeitslosenversicherung;
d) Witwen- und Waisenversorgung.

Hermann Molkenbuhr, Resolution zur sozialen Gesetzgebung in Deutschland (1908), aus: Schraepler, Bd. 2, S. 140

Text 78

Leitsätze des Verbandes Deutscher Gewerkvereine (Hirsch-Duncker, 1908)

1. Prinzipielle Leitsätze

Wir erstreben die Hebung der Arbeiterklasse zur Selbständigkeit und Gleichberechtigung auf dem Boden der bestehenden Gesellschaftsordnung. Zu diesem Zwecke arbeiten wir mit an einer organischen Reform dieser Ordnung durch Selbsthilfe und Staatshilfe.

Wir gehen dabei von der Erkenntnis aus, daß der Arbeiterstand sich in einer unerfreulichen Lage befindet durch seine unsichere und unselbständige Existenz als Lohnarbeiter. Wir wollen dem Arbeiter innerhalb des Lohnverhältnisses eine gesicherte Existenz erkämpfen.

Der Aufbau der dazu nötigen Organisationen ist nur zu erreichen durch die Weckung und Entwicklung eines begeisterten Standesbewußtseins, das bereit ist, Opfer zu bringen.

Wir scheiden uns von den sozialdemokratischen Gewerkschaften durch den Grundsatz der parteipolitischen Neutralität und dadurch, daß wir an Stelle des grundsätzlichen Klassenkampfes und der marxistischen Forderung des Kollektiveigentums in erster Linie die Vereinbarung mit den Arbeitgebern in Form von Tarifverträgen setzen und uns auf nationalen Boden stellen.

Wir scheiden uns von den christlichen Gewerkschaften durch den Grundsatz der religiösen Neutralität, den wir unverändert hochhalten. Wir scheiden uns von ihnen, indem wir glauben, daß nur auf dem Boden politischer und geistiger Freiheit der Kampf der Arbeiter für Selbständigkeit und Gleichberechtigung zum Erfolg führen kann.

Wir scheiden uns von allen Organisationen gelben Charakters durch die Erkenntnis, daß beide Produktionsfaktoren sich getrennt und in voller Unabhängigkeit voneinander organisieren müssen.

Wir sind der Überzeugung, daß die Arbeiterfrage nicht nur eine Magenfrage ist, sondern weit mehr von großen Zeitidealen getragen wird, deren Weckung in jedem Arbeiter erste Pflicht der Organisation ist. Als diese Ideale betrachten wir: 1. das nationale Ideal; 2. Das Ideal sozialer Gerechtigkeit in der Gesellschaft, des Schutzes der Schwachen gegen die Starken; 3. Das Ideal geistiger und politischer Freiheit und Selbstverwaltung; 4. Das Ideal ethischer Erziehung und Hebung des Einzelmenschen zu wirksamerer Mitarbeit in der Gesamtheit.

2. Sozialpolitische Leitsätze

Wir fordern von den Unternehmern:

Die Anerkennung der vollen Gleichberechtigung der Arbeiter bei der Regelung und Festsetzung der Arbeitsbedingungen durch den Abschluß von Tarifverträgen zwischen den beiderseitigen Organisationen mit Sicherung eines Mindestverdienstes, gleichberechtigte Mitwirkung bei Errichtung von Tarif- und Einigungsämtern, fortschreitende Aufbesserung der Löhne und Verkürzung der Arbeitszeit bis auf längstens acht Stunden, wirksamen Schutz für Leben, Gesundheit und Sittlichkeit der Arbeiter und Angestellten beiderlei Geschlechts in Industrie, Gewerbe, Handel und Landwirtschaft.

Gleiche Entlohnung von Männer- und Frauenarbeit.

Jährlichen Ferienurlaub aller Arbeiter und Angestellten unter Fortzahlung des Lohnes. Gleichberechtigte Verwaltung aller Wohlfahrtskassen durch Arbeiter und Unternehmer.

Wir fordern zunächst vom Staat:

Zehnstündigen Maximalarbeitstag für alle Industrie- und Verkehrsarbeiter, achtstündigen Maximalarbeitstag für alle Arbeiter der schweren Industrie (Eisen, Hütten, Bergbau) sowie der chemischen Industrie, Glas- und Spiegelfabrikation und für alle Kontorangestellten.

Schutz der Frauenarbeit und Verbot der Kinderarbeit.

Ausbau der Arbeiterversicherung (Unfall-, Invaliden- und Krankenversicherung), insbesondere Ausdehnung auf die Hausindustrie. Errichtung einer Witwen- und Waisenversicherung. Ausbau der Arbeitslosenversicherung durch die Gewerkvereine unter Mitwirkung der Gemeinden nach dem Genfer System.

Volle gleichberechtigte Selbstverwaltung aller Versicherungseinrichtungen durch Unternehmer und Arbeiter. Freies Koalitionsrecht für alle Arbeiter, freies Vereins- und Versammlungsrecht, Arbeitskammern und Reichsarbeitsamt, Rechtsfähigkeit der Berufsvereine. Obligatorische Schiedsgerichte für alle Arbeitsstreitigkeiten mit Verhandlungszwang (Genfer System).

Ausdehnung der Gewerbe- und Kaufmannsgerichte auf alle Gemeinden, bzw. Bildung solcher für mehrere Gemeinden, oder Kommunalverbände. Gesetzliche Einführung des Verhältniswahlsystems zu allen sozialen Wahlen.

Rechtliche Regelung des Tarifvertragswesens.

Verbesserung der Volksschule. Erleichterung des Besuchs höherer Schulen für Unbemittelte.

Politische Gleichberechtigung in Reich, Staat und Gemeinde.

Beseitigung aller indirekten Steuern auf notwendige Lebensmittel und Verbrauchsgegenstände.

Schraepler, Bd. 2, S. 142

i) Die Arbeiterpartei

Das Gothaer Programm der Sozialistischen Arbeiterpartei **Text 79**

a) Parteiprogramm vom 25. Mai 1875

I. Die Arbeit ist die Quelle alles Reichtums und aller Kultur, und da allgemein nutzbringende Arbeit nur durch die Gesellschaft möglich ist, so gehört der Gesellschaft, das heißt allen ihren Gliedern, das gesamte Arbeitsprodukt, bei allgemeiner Arbeitspflicht, nach gleichem Recht, jedem nach seinen vernunftgemäßen Bedürfnissen.

In der heutigen Gesellschaft sind die Arbeitsmittel Monopol der Kapitalistenklasse, die hierdurch bedingte Abhängigkeit der Arbeiterklasse ist die Ursache des Elends und der Knechtschaft in allen Formen.

Die Befreiung der Arbeit erfordert die Verwandlung der Arbeitsmittel in Gemeingut der Gesellschaft und die genossenschaftliche Regelung der Gesamtarbeit mit gemeinnütziger Verwendung und gerechter Verteilung des Arbeitsertrages.

Die Befreiung der Arbeit muß das Werk der Arbeiterklasse sein, der gegenüber alle anderen Klassen nur eine reaktionäre Masse sind.

II. Von diesen Grundsätzen ausgehend, erstrebt die sozialistische Arbeiterpartei Deutschlands mit allen gesetzlichen Mitteln den freien Staat und die sozialistische Gesellschaft, die Zerbrechung des ehernen Lohngesetzes durch Abschaffung des Systems der Lohnarbeit, die Ausbeutung in jeder Gestalt, die Beseitigung aller sozialen und politischen Ungleichheit.

Die sozialistische Arbeiterpartei Deutschlands, obgleich zunächst im nationalen Rahmen wirkend, ist sich des internationalen Charakters der Arbeiterbewegung bewußt und entschlossen, alle Pflichten, welche derselbe den Arbeitern auferlegt, zu erfüllen, um die Verbrüderung der Menschen zur Wahrheit zu machen.

Die sozialistische Arbeiterpartei Deutschlands fordert, um die Lösung der sozialen Frage anzubahnen, die Errichtung von sozialistischen Produktionsgenossenschaften mit Staatshilfe unter der demokratischen Kontrolle des arbeitenden Volkes. Die Produktivgenossenschaften sind für Industrie und Ackerbau in solchem Umfange ins Leben zu rufen, daß aus ihnen die sozialistische Organisation der Gesamtarbeit entsteht.

Die sozialistische Arbeiterpartei Deutschlands fordert als Grundlagen des Staates:

1. Allgemeines, gleiches, direktes Wahl- und Stimmrecht mit geheimer und obligatorischer Stimmabgabe aller Staatsangehörigen vom zwanzigsten Lebensjahre an für alle Wahlen und Abstimmungen in Staat und Gemeinde. Der Wahl- oder Abstimmungstag muß ein Sonntag oder Feiertag sein.

2. Direkte Gesetzgebung durch das Volk. Entscheidung über Krieg und Frieden durch das Volk.

3. Allgemeine Wehrhaftigkeit. Volkswehr an Stelle der stehenden Heere.

4. Abschaffung aller Ausnahmegesetze, namentlich der Preß-, Vereins- und Versammlungsgesetze; überhaupt aller Gesetze, welche die freie Meinungsäußerung, das freie Denken und Forschen beschränken.

5. Rechtsprechung durch das Volk. Unentgeltliche Rechtspflege.

6. Allgemeine und gleiche Volkserziehung durch den Staat. Allgemeine Schulpflicht. Unentgeltlicher Unterricht in allen Bildungsanstalten. Erklärung der Religion zur Privatsache.

Die sozialistische Arbeiterpartei Deutschlands fordert innerhalb der heutigen Gesellschaft:

1. Möglichste Ausdehnung der politischen Rechte und Freiheiten im Sinne der obigen Forderungen.

2. Eine einzige progressive Einkommensteuer für Staat und Gemeinde, anstatt aller bestehenden, insbesondere der das Volk belastenden indirekten Steuern. 3. Unbeschränktes Koalitionsrecht . . .

Johannes Hohlfeld (Hrsg.), Dokumente der deutschen Politik und Geschichte

Kritik des Gothaer Programms durch Karl Marx

Karl Marx versuchte mit den Randglossen zum Gothaer Programmentwurf die Diskussion auf dem Einigungsparteitag in Gotha (22.–27. Mai 1875) zu beeinflussen:

. . . Dies *gleiche* Recht ist ungleiches Recht für ungleiche Arbeit. Es erkennt keine Klassenunterschiede an, weil jeder nur Arbeiter ist wie der andre; aber es erkennt stillschweigend die ungleiche individuelle Begabung und daher Leistungsfähigkeit als natürliche Privilegien an. *Es ist daher ein Recht der Ungleichheit, seinem Inhalt nach, wie alles Recht* . . .

In einer höhern Phase der kommunistischen Gesellschaft, nachdem die knechtende Unterordnung der Individuen unter die Teilung der Arbeit, damit auch der Gegensatz geistiger und körperlicher Arbeit verschwunden ist; nachdem die Arbeit nicht nur Mittel zum Leben, sondern selbst das erste Lebensbedürfnis geworden; nachdem mit der allseitigen Entwicklung der Individuen auch die Produktionskräfte gewachsen sind und alle Springquellen des genossenschaftlichen Reichtums voller fließen – erst dann kann der enge bürgerliche Rechtshorizont ganz überschritten werden und die Gesellschaft auf ihre Fahnen schreiben: Jeder nach seinen Fähigkeiten, jedem nach seinen Bedürfnissen!

(Zu den Forderungen nach einem „freien Staat"): Die deutsche Arbeiterpartei – wenigstens, wenn sie das Programm zu dem ihrigen macht – zeigt, wie ihr die sozialistischen Ideen nicht einmal hauttief sitzen; indem sie, statt die bestehende Gesellschaft (und es gilt das von jeder künftigen) als *Grundlage* des bestehenden Staats (oder künftigen für künftige Gesellschaft) zu behandeln, den Staat vielmehr als ein selbständiges Wesen behandelt, das seine eignen „*geistigen, sittlichen, freiheitlichen Grundlagen*" besitzt . . .

Die „heutige Gesellschaft" ist die kapitalistische Gesellschaft, die in allen Kulturländern existiert, mehr oder weniger frei von mittelaltrigem Beisatz, mehr oder weniger durch die besondre geschichtliche Entwicklung jedes Landes modifiziert, mehr oder weniger entwickelt. Dagegen der „heutige Staat" wechselt mit der Landesgrenze. Er ist ein andrer im preußischdeutschen Reich als in der Schweiz, ein andrer in England als in den Vereinigten Staaten. „*Der* heutige Staat“ ist also eine Fiktion . . .

Da man nicht den Mut hat – und weislich, denn die Verhältnisse gebieten Vorsicht –, die demokratische Republik zu verlangen, wie es die französischen Arbeiterprogramme unter Louis Philippe und unter Louis Napoleon taten – so hätte man auch nicht zu der weder „ehrlichen“ noch würdigen Finte flüchten sollen, Dinge, die nur in einer demokratischen Republik Sinn haben, von einem Staat zu verlangen, der nichts anderes als ein mit parlamentarischen Formen verbrämter, mit feudalem Beisatz vermischter, schon von der Bourgeoisie beeinflußter, bürokratisch gezimmerter, polizeilich gehüteter Militärdespotismus ist, und diesem Staat obendrein noch zu beteuern, daß man ihm dergleichen „mit gesetzlichen Mitteln“ aufdringen zu können wähnt!

Karl Marx und Friedrich Engels, Ausgewählte Schriften in zwei Bänden, Band 2

Text 80

Sozialdemokratische Partei Deutschlands; Analyse der kapitalistischen Gesellschaft (1891)

Die ökonomische Entwicklung der bürgerlichen Gesellschaft führt mit Naturnotwendigkeit zum Untergang des Kleinbetriebes, dessen Grundlage das Privateigentum des Arbeiters an seinen Produktionsmitteln bildet. Sie trennt den Arbeiter von seinen Produktionsmitteln und verwandelt ihn in einen besitzlosen Proletarier, indes die Produktionsmittel das Monopol einer verhältnismäßig kleinen Zahl von Kapitalisten und Großgrundbesitzern werden.

Hand in Hand mit dieser Monopolisierung der Produktionsmittel geht die Verdrängung der zersplitterten Kleinbetriebe durch kolossale Großbetriebe, geht die Entwicklung des Werkzeugs zur Maschine, geht ein riesenhaftes Wachstum der Produktivität der menschlichen Arbeit. Aber alle Vorteile dieser Umwandlung werden von den Kapitalisten und Großgrundbesitzern monopolisiert. Für das Proletariat und die versinkenden Mittelschichten – Kleinbürger, Bauern – bedeutet sie wachsende Zunahme der Unsicherheit ihrer Existenz, des Elends, des Drucks, der Knechtung, der Erniedrigung, der Ausbeutung.

Immer größer wird die Zahl der Proletarier, immer massenhafter die Armee der überschüssigen Arbeiter, immer schroffer der Gegensatz zwischen Ausbeutern und Ausgebeuteten, immer erbitterter der Klassenkampf zwischen Bourgeoisie und Proletariat, der die moderne Gesellschaft in zwei feindliche Heerlager trennt und das gemeinsame Merkmal aller Industrieländer ist.

Der Abgrund zwischen Besitzenden und Besitzlosen wird noch erweitert durch die im Wesen der kapitalistischen Produktionsweise begründeten Krisen, die immer umfangreicher und verheerender werden, die allgemeine Unsicherheit zum Normalzustand der Gesellschaft erheben und den Beweis liefern, daß die Produktivkräfte der heutigen Gesellschaft über den Kopf gewachsen sind, daß das Privateigentum an Produktionsmitteln unvereinbar geworden ist mit deren zweckentsprechender Anwendung und voller Entwicklung.

Das Privateigentum an Produktionsmitteln, welches ehedem das Mittel war, dem Produzenten das Eigentum in seinem Produkt zu sichern, ist heute zum Mittel geworden, Bauern, Handwerker und Kleinhändler zu expropriieren und die Nichtarbeiter – Kapitalisten, Großgrundbesitzer – in den Besitz des Produkts der Arbeiter zu setzen. Nur die Verwandlung des kapitalistischen Privateigentums an Produktionsmitteln – Grund und Boden, Gruben und Bergwerke, Rohstoffe, Werkzeuge, Maschinen, Verkehrsmittel – in gesellschaftliches Eigentum und die Umwandlung der Warenproduktion in sozialistische, für und durch die Gesellschaft betriebene Produktion kann es bewirken, daß der Großbetrieb und die stets wachsende Ertragsfähigkeit der gesellschaftlichen Arbeit für die bisher ausgebeuteten Klassen aus einer Quelle des Elends und der Unterdrückung zu einer Quelle der höchsten Wohlfahrt und allseitiger harmonischer Vervollkommnung werde.

. . . . .

Der Kampf der Arbeiterklasse gegen die kapitalistische Ausbeutung ist notwendigerweise ein politischer Kampf. Die Arbeiterklasse kann ihre ökonomischen Kämpfe nicht führen und ihre ökonomische Organisation nicht entwickeln ohne politische Rechte. Sie kann den Übergang der Produktionsmittel in den Besitz der Gesamtheit nicht bewirken, ohne in den Besitz der politischen Macht gekommen zu sein.

. . . . .

Zum Schutze der Arbeiterklasse fordert die Sozialdemokratische Partei Deutschlands zunächst:

1. Eine wirksame nationale und internationale Arbeiterschutzgesetzgebung auf folgender Grundlage:
   a) Festsetzung eines höchstens acht Stunden betragenden Normalarbeitstages.
   b) Verbot der Erwerbsarbeit für Kinder unter vierzehn Jahren.
   c) Verbot der Nachtarbeit, außer für solche Industriezweige, die ihrer Natur nach aus technischen Gründen oder aus Gründen der öffentlichen Wohlfahrt Nachtarbeit erheischen.
   d) Eine ununterbrochene Ruhepause von mindestens 36 Stunden in jeder Woche für jeden Arbeiter.
   e) Verbot des Trucksystems.
2. Überwachung aller gewerblichen Betriebe, Erforschung und Regelung der Arbeitsverhältnisse in Stadt und Land durch ein Reichs-Arbeitsamt, Bezirks-Arbeitsämter und Arbeitskammern. Durchgreifende gewerbliche Hygiene.
3. Rechtliche Gleichstellung der landwirtschaftlichen Arbeiter und Dienstboten mit den gewerblichen Arbeitern; Beseitigung der Gesindeordnungen.
4. Sicherstellung des Koalitionsrechts.
5. Übernahme der gesamten Arbeiterversicherung durch das Reich mit maßgebender Mitwirkung der Arbeiter an der Verwaltung.

Erfurter Programm der Sozialdemokratischen Partei Deutschlands (1891), aus: W. Mickel, Quellen zur Sozial- und Wirtschaftspolitik im 19. und 20. Jahrhundert (Frankfurt 1963), S. 36

k) Das soziale Verhalten des Staates

Text 81

Gewiß kann das Königtum heute im parlamentarischen Staate, mit freier Presse, freiem Vereins- und Versammlungsrecht nicht, wie im vorigen Jahrhundert, direkt die Führung der unteren Klassen gegenüber den Besitzenden übernehmen. Die Regierung muß eine neutralere Stellung einnehmen; aber sie muß dann auch wirklich neutral über den wirtschaftlichen Klassen sich halten; sie darf nicht jede Forderung des Arbeiterstandes, nicht die ganz innerhalb der heutigen Gesetzgebung sich bewegenden Ziele desselben, welche den Besitzenden unangenehm sind, als gegen sie selbst, gegen die öffentliche Ordnung gerichtet betrachten und mit mißgünstigen Augen verfolgen, wie das wenigstens ab und zu den Anschein nimmt, wie das unstreitig einzelne Staatsorgane tun. Sie gibt alle Traditionen der preußischen Politik auf, wenn sie nur mit den Augen der Besitzenden, mit den Augen der großen Unternehmer die soziale Frage betrachtet, wenn sie bei Enquêten nur die Handelskammern, die naturgemäß ein einseitig egoistisches Interesse vertreten, fragt, wenn sie bei der Gesetzgebung nicht auf das energischste gegen den übergroßen Einfluß sich stemmt, den in allen Vertretungskörpern wie in einer vielfach korrupten Presse heute die großen Privatbahnen, die großen Bank- und Aktiengesellschaften, die großen Industrien mit ihren bezahlten, wohlgeschulten Agenten ausüben . . .

. . . den Gefahren der sozialen Zukunft kann nur durch ein Mittel die Spitze abgebrochen werden: dadurch, daß das König- und Beamtentum, das diese berufensten Vertreter der Staatsgedanken, diese einzig neutralen Elemente im sozialen Klassenkampf versöhnt mit dem Gedanken des liberalen Staates, ergänzt durch die besten Elemente des Parlamentarismus, entschlossen und sicher, die Initiative zu einer großen sozialen Reformgesetzgebung ergreifen und an diesem Gedanken ein oder zwei Menschenalter hindurch unverrückt festhalten . . .

Gustav Schmoller, Die soziale Frage und der Preußische Staat (1874), aus: Schraepler, Bd. 2, S. 65

Text 82

Außer über die *allzu lange Arbeitszeit* sowie Ausdehnung der *Frauen*- und Kinderarbeit wurde besonders über die *niedrige Entlohnung* geklagt, die in ihrer Höhe zudem sehr stark den Schwankungen in der konjunkturellen Situation angepaßt war und darum Dispositionen des Arbeiters auf längere Sicht außerordentlich erschwerte. Dazu kam die *unzureichende Fürsorge* für den Fall der Krankheit, des Alters und der Invalidität und ferner das Fehlen ausreichender *Schutzvorrichtungen* an den neuen Maschinen, mit denen man sowieso erst langsam vertraut wurde. Eine besondere Zuspitzung erfuhr die soziale Situation durch den Übergang zum *Massenwohnhaus* der Großstädte (*Mietkasernen*), das den Arbeiter vom Eigentum auch an diesem Konsumgut ausschloß und ihn auf das Mietverhältnis hinwies. Darüber hinaus unterband diese neue, von den Behörden geförderte, ja fast erzwungene Wohnform die alten Bindungen zur Natur, und sei es auch nur in Gestalt eines Gartens. Die

Schrebergartenbewegung bot nur einen teilweisen Ersatz. Die Wohnungsfrage dieser Zeit war die Arbeiterwohnungsfrage, entstanden aus der Tatsache, daß die große Masse des Volkes in den Großstädten zur Miete zu wohnen gezwungen war und nicht nur schlecht, sondern auch relativ teuer wohnte. Der allgemeine Vermassungsprozeß ist durch diese Entwicklung der Wohnformen, die etwa gerade England nicht mitmachte, entscheidend gefördert worden, und das trug zur Zuspitzung der allgemeinen sozialen Frage bei.

Das Entscheidende für die soziale Frage dieser Zeit war aber, über alle diese wirtschaftlichen Tatsachen hinaus, *die neue gesellschaftliche Lage,* die darin bestand, daß der Arbeiter aus der sozialen Gemeinschaft ausgeschlossen war, lediglich Träger von Arbeitskraft, nicht aber eine in ihrer Freiheit und Würde anerkannte und respektierte Persönlichkeit und in der Regel ohne jede Aufstiegsmöglichkeit. Jener Versachlichungsprozeß, der zur Auflösung aller personalen Bindungen geführt hatte, um so die neue Freiheitsidee zu verwirklichen, hatte zu einer *Sachunfreiheit* geführt, die drückender sein konnte als persönliche Abhängigkeit. Hier in dem modernen Arbeitsverhältnis gab es keine wechselseitigen sittlichen Bindungen, sondern nur sachlich fixierte Leistung und Gegenleistung. Es gab aus der Zeit des alten Handwerks auch keine gemeinsamen Feiern mehr, keine festlichen Formen, also keine Gmeinschaftskultur.

Von zwei Seiten aus wurde gegen diese Mißstände angegangen. Auf der einen Seite kam es zu *Selbsthilfebestrebungen der Arbeiterschaft.* F. Lassalle gründete, nach einer Reihe unbedeutender Vorläufer, 1863 den Allgemeinen Deutschen Arbeiterverein; auf das Betreiben von Karl Marx wurde 1864 die Internationale Arbeiter-Assoziation ins Leben gerufen. Eine bunte Fülle dezentralisierter Selbsthilfeorganisationen, die kulturelle, fürsorgerische und bildungsmäßige Ziele verfolgten, aber auch bald zu politischer Betätigung vordrangen, stand, zunächst ganz unvermittelt, die Sozialpolitik. Diese wurde bald überwiegend zu einer *staatlichen Sozialpolitik,* nachdem zunächst der Gedanke der Selbsthilfe oder doch der Hilfe zur Selbsthilfe im Vordergrund gestanden hatte (Hilfsvereine, Unterstützungskassen, Genossenschaften usw.).

Erstes Ziel der staatlichen Sozialpolitik war der Schutz der Kinder, Frauen und Jugendlichen. Es kam zu Beschäftigungsverboten, Vorschriften über Nacht- und Sonntagsruhe, Beschränkung der Arbeitszeitdauer usw., also zu den Anfängen des Arbeiterschutzes. Bis in die 80er Jahre, als Bismarck die deutsche Sozialversicherung schuf, ist die Sozialpolitik der deutschen Länder und auch des Norddeutschen Bundes durch Maßnahmen dieser Art gekennzeichnet.

Lütge, S. 372

Text 83

Kaiser Wilhelm I.: Botschaft zur Sozialen Frage vom 17. November 1881

Schon im Februar dieses Jahres haben Wir unsere Überzeugung aussprechen lassen, daß die Heilung der sozialen Schäden nicht ausschließlich im Wege der Repression sozialdemokratischer Ausschreitungen, sondern gleichmäßig auf dem der positiven Förderung des Wohles der Arbeiter zu suchen sein werde. Wir halten es für Unsere kaiserliche Pflicht, dem Reichstage diese Aufgabe von neuem ans Herz zu legen, und würden Wir mit um so größerer Befriedigung auf alle Erfolge, mit denen Gott Unsere Regierung sichtlich gesegnet hat, zurückblicken, wenn es Uns gelänge, dereinst das Bewußtsein mitzunehmen, dem Vaterlande neue und dauernde Bürgschaften seines inneren Friedens und den Hilfsbedürftigen größere Sicherheit und Ergiebigkeit des Beistandes, auf den sie Anspruch haben, zu hinterlassen. In Unseren darauf gerichteten Bestrebungen sind Wir der Zustimmung aller verbündeten Regierungen gewiß und vertrauen auf die Unterstützung des Reichstages ohne Unterschied der Parteistellung.

. . . Aber auch diejenigen, welche durch Alter oder Invalidität erwerbsunfähig werden, haben der Gesamtheit gegenüber einen begründeten Anspruch auf ein höheres Maß staatlicher Fürsorge, als ihnen bisher hat zuteil werden können.

Für diese Fürsorge die rechten Mittel und Wege zu finden, ist die schwierigste, aber auch eine der höchsten Aufgaben jedes Gemeinwesens, welches auf den sittlichen Fundamenten des christlichen Volkslebens steht. Der engere Anschluß an die realen Kräfte dieses Volkslebens und das Zusammenfassen der letzteren in der Form korporativer Genossenschaften unter staatlichem Schutz und staatlicher Förderung werden, wie Wir hoffen, die Lösung auch von Aufgaben möglich machen, denen die Staatsgewalt allein in gleichem Umfange nicht gewachsen sein würde. Immerhin aber wird auch auf diesem Wege das Ziel nicht ohne die Aufwendung erheblicher Mittel zu erreichen sein.

. . . Danach stehen . . . auf dem Gebiete der inneren Reichseinrichtungen weitgreifende und schwierige Aufgaben bevor, deren Lösung in der kurzen Frist einer Session nicht zu bewältigen ist, zu deren Anregung Wir Uns aber vor Gott und Menschen, ohne Rücksicht auf den unmittelbaren Erfog derselben verpflichtet halten . . .

W. Mickel: Quellen zur Sozial- und Wirtschaftspolitik im 19. und 20. Jahrhundert, Frankfurt 1963. S. 35

FRAGEN

1. Nennen Sie Gründe, warum gerade Großbritannien zur ersten „Werkstatt der Welt“ wurde!
2. Warum fand dieser Durchbruch gegen Ende des 18. Jahrhunderts statt – warum nicht früher oder später?
3. Welche Merkmale kennzeichnen die Industrialisierung im 19. Jahrhundert?
4. Wie stark beeinflußte der Wandel in der Wissenschaft den Prozeß des technologischen Wandels?
5. In welchem Ausmaß war die Industrielle Revolution mit dem wissenschaftlichen Fortschritt verknüpft?
6. Wie weit hat die Theorie des „laissez-faire“ in der Industriellen Revolution praktische Bedeutung gewonnen?
7. Was verstand der wirtschaftliche Liberalismus unter der Kompensationstheorie?
8. Worin unterscheidet sich die bisherige Wirtschaftsgesinnung von der neuen, der kapitalistischen Wirtschaftsauffassung des 19. Jahrhunderts?
9. Analysieren und beurteilen Sie die Auswirkungen der neuen Wirtschaftsgesinnung auf die europäische, insbesondere auf die deutsche Gesellschaft des 19. Jahrhunderts!
10. Warum erfolgten die brauchbaren Erfindungen gerade ab Mitte des 18. Jahrhunderts? Wie wurden sie bekannt und verbreitet?
11. Wie und warum waren die Unternehmer gerade zu jener Zeit in der Lage, diese Erfindungen gewinnbringend anzuwenden und zu nützen?
12. Die vorindustrielle gewerbliche Produktion war nach der Organisation gegliedert in Handwerk, Verlag und Manufaktur. Welche Unterschiede bestehen zwischen diesen einzelnen Zweigen: 1. bezüglich des Absatzes ihrer Produkte, 2. in der Produktionstechnik?
13. In welchem Ausmaße änderten sich Lebens- und Arbeitsweise der Bevölkerung durch die elektrische Beleuchtung und die elektrische Kraftübertragung?
14. Beleuchten Sie an Beispielen folgende Aussage: „Je besser es dem Menschen gelingt, die verausgabte Energie zur Nutzbarmachung anderer Energieformen zu verwenden, um so mehr lernt er seine Umwelt beherrschen und kann nun Ziele erreichen, die über die rein tierische Existenz hinausgehen!“
15. Welche wesentlichen Änderungen enthielt der Ausbruch aus der traditionellen Gesellschaft und Wirtschaft?

16. Was heißt hier traditionelle Gesellschaft und Wirtschaft (vgl. Rostow!)?
17. In welche Abschnitte läßt sich die Zeit vom Ende des 18. bis zum Beginn des 20. Jahrhunderts unter wirtschafts- und sozialgeschichtlichen Aspekten gliedern?
18. Boden, Arbeit und Kapital teilen sich in den Ertrag jeglicher menschlicher Tätigkeit. Ist die Verteilung des Ertrages der Volkswirtschaft zwischen Grundrente für Boden, Lohn für Arbeit und Zins für Kapital gerecht? (vgl. A. Damaschke „Die Bodenreform").
19. Welche Ursachen können für die Bevölkerungsexplosion in Deutschland genannt werden?
20. Bestehen Zusammenhänge zwischen dem Bevölkerungswachstum im 19. Jahrhundert in Deutschland und der Industrialisierung?
21. Welchen Einfluß haben die folgenden Faktoren auf die Geburtenzahl: Altersaufbau und Verteilung der Geschlechter in der Bevölkerung, sanitäre und wirtschaftliche Bedingungen, Kriege, Seuchen, Wohlstand oder Hungersnot, soziokulturelle Faktoren wie die Einstellung zur Heirat, usw.?
22. Inwieweit bestehen Unterschiede zwischen Agrar- und Industriegesellschaft?
23. Sind die niedrigen Arbeitseinkommen, die Friedrich Engels und Karl Marx in den englischen Fabriken vorfanden, der aufkommenden Industrie oder, wie sie meinten, dem Kapitalismus zur Last zu legen? (Vgl. die Darstellung bei Abel S. 62, 63). Oder gehört die Armut des 19. Jahrhunderts dem ausklingenden agrarischen Zeitalter an?
24. Beziehen Sie Stellung zu Ricardos Ausspruch: „Wenn eine Bevölkerung gegen den Nahrungsspielraum preßt, sind die einzigen Hilfsmittel entweder eine Verminderung der Bevölkerung oder eine schnellere Vermehrung des Kapitals"! Nehmen Sie in diesem Zusammenhang Bezug auf die gegenwärtigen Verhältnisse in den Entwicklungsländern!
25. Erläutern Sie das Ernst-Engelsche Gesetz „Je ärmer eine Familie ist, ein desto größerer Anteil von der Gesamtausgabe muß zur Beschaffung der Nahrung aufgewendet werden"!
26. Inwieweit und in welchem Umfang führten in der ersten Hälfte des 19. Jahrhunderts Absatzkrisen der Landwirtschaft zu Rückschlägen auch in den Städten?
27. Stellen Sie Zusammenhänge her zwischen Bauernbefreiung und Landflucht bzw. zunehmender Verstädterung!
28. Vergleichen Sie den Aufbau der Ständegesellschaft mit dem der nach Klassen eingeteilten Gesellschaft!
29. Was bedeutet der Grundsatz der Gewerbefreiheit?
30. Welche Auswirkungen hatte die Einführung der Gewerbefreiheit und das Aufkommen der Industrie für das Handwerk?
31. Welche Beschränkungen wurden durch die Einführung der Gewerbefreiheit in Deutschland aufgehoben?
32. In welchen Bereichen führte die Revolutionierung der Technik zu einer Verschiebung der Bedarfsdeckung?

33. War die neue Fabriktechnik allein schon im Hinblick auf das starke Ansteigen der Bevölkerung unvermeidlich?
34. Welche Folgen hatte der Glaube an die alleingültige Kraft der freien Konkurrenz? Hätten nicht ausreichende Ordnungsmaßnahmen, insbesondere eine rechtzeitig einsetzende Sozialpolitik, von vornherein diejenigen, die als Arbeiter in die Fabriken gehen mußten, vor dem Absinken in ein proletarisches Dasein bewahrt?
35. Das wichtigste an der Revolution der Technik im Rahmen der Industriellen Revolution ist, daß auch bei der Technik am Anfang und am Ende der „Revolution" der Mensch in seiner doppelten Funktion als Träger und Getragener, als Tätiger oder Duldender, als Erfinder und als Verwandelter, als Produzent und als Konsument stand, obwohl er hinterher und beim Genuß der guten Ergebnisse dazu neigt, diese als selbstverständlich hinzunehmen und die negativen Folgen auf das Schuldkonto seiner Väter zu schreiben. Beleuchten Sie obige Aussage W. Treues an Beispielen!
36. Äußern Sie sich zur folgenden Aussage Golo Manns von „menschenverachtenden Machteliten" in der Ökonomie: „Die Zeit der völligen Gleichheit aller Menschen, Gleichheit auf jedem Gebiet, ist noch nicht gekommen und kann und soll nicht kommen, weil sie gegen die menschliche Natur ist. Die Zeit der wechselseitigen Achtung ist da"!
37. Vergleichen Sie die Aussagen Göhres mit der Einteilung der Gesellschaft in Lebens- und Leistungsgruppen (v.d. Gablentz)!
38. Im Namen von Karl Marx wurde ein großer Teil der Welt verändert. Stimmen aber die Veränderungen auch mit den Zukunftsvisionen des großen Denkers und Künders einer neuen und besseren Welt überein?
39. War das „rote Gespenst" nur durch die Gewalt des Obrigkeitsstaates zurückgeschlagen worden, oder sind innerlich wirksamere Kräfte am Werke gewesen, die dieser Gefahr ihre Unheimlichkeit haben nehmen können?
40. Worin bestand das historische Verdienst Lassalles um die deutsche Arbeitsbewegung?
41. Vergleichen Sie die Ziele Lassalles mit denen Schulze-Delitzschs in bezug auf einen Zusammenschluß des 4. Standes?
42. Teilen Sie die Ansicht Leos XIII.: 1. Die sog. Soziale Frage sei nicht nur eine wirtschaftliche Frage, sondern im Gegenteil in erster Linie eine sittliche und religiöse; sie müsse deshalb nach dem Sittengesetz und den Grundsätzen der Religion gelöst werden! 2. Die Kirche sei „die Schützerin der gerechten Ansprüche des arbeitenden Volkes". Bei allen Wegen zu einer sozialen Reform lehne sie soziale Revolution, Klassenkampf, wie überhaupt den Marxismus ganz entschieden ab?
43. Äußern Sie sich zum jahrtausendalten Traum der Menschheit: Herrschen sollen die „Besten" und nicht die „Bestien"!
44. Welche Bedeutung hat der Gedanke einer konfliktfreien Ordnung für eine moderne Großgesellschaft? – Lesen Sie: George Orwells Anti-Utopie „1984" und Aldous Huxleys „Brave New World"!

45. Verfolgen Sie die Entwicklung des Unternehmens Krupp in den einzelnen Industrialisierungsphasen!
46. Klären Sie die Begriffe Kartell, Syndikat, Konzern und Trust! Was versteht man unter einem Monopol?
47. Welche Unterschiede bestehen zwischen Kartell und Konzern bzw. zwischen Kartell und Trust?
48. Welche Auswirkungen hat die Konzentrationsbewegung im Stadium des Ausbaus der Industrie auf die weitere wirtschaftliche Entwicklung Deutschlands?
49. Vergleichen Sie die drei Perioden der Entwicklung des Handels (Periode des auslaufenden Merkantilismus – Zeit der Kontinentalsperre – die nationale und internationale Zollpolitik von 1815 bis 1834) im Stadium des Aufbruchs zur Industrialisierung in Deutschland!
50. Welche Wirkungen übten die Eisenbahnen auf die Volkswirtschaft aus?
51. Sind die Eisenbahnen ein „Werk des Kapitalismus" (Werner Sombart)?
52. In welche Typen lassen sich die in der 1. Hälfte des 19. Jahrhunderts in Deutschland vorhandenen Banken einteilen? Auf welche Bereiche beschränken sich die Bankgeschäfte?
53. Welche Wandlungen vollzogen sich im Bereich der Privatbanken in der 2. Hälfte des 19. Jahrhunderts?
54. In welchem Ausmaß gelang dem Wirtschaftsbürgertum im Deutschen Kaiserreich eine Mitbeteiligung an der politischen und sozialen Herrschaft des Adels?
55. Welche Bereiche umfaßte die Sozialgesetzgebung?
56. Welche Motive bestimmten das staatliche Sozialprogramm Bismarcks?
57. Führten technische Errungenschaften und materieller Erfolg zu einer einseitigen Verlagerung des natürlichen Gleichgewichts im Menschen?
58. Welche Zielrichtung verfolgte der Wirtschaftsimperialismus im Hinblick auf Deutschland?

LITERATURVERZEICHNIS

TB = Taschenbuch

Abel, Wilhelm: Massenarmut und Hungerkrisen im vorindustriellen Deutschland, Göttingen 1972 (TB)
Achinger, Hans: Sozialpolitik als Gesellschaftspolitik, Hbg. 1958, [2]1971 (TB)
Bechtel, Heinrich: Wirtschafts- und Sozialgeschichte Deutschlands, München 1967
Beutin, Ludwig: Einführung in die Wirtschaftsgeschichte, Köln–Graz 1958, [2]1967
Blanqui, Louis-Auguste: Schriften zur Revolution, Nationalökonomie und Sozialkritik, Hamburg 1971 (TB)
Borchardt, Knut: Die Industrielle Revolution in Deutschland, München 1972 (TB)
Born, Karl Erich: Moderne deutsche Wirtschaftsgeschichte, Köln 1966
Cipolla, Carlo M.: Wirtschaftsgeschichte und Weltbevölkerung, München 1972 (TB)
Conze, Werner: Quellen zur Geschichte der deutschen Bauernbefreiung, Göttingen 1957
Deane, Phyllis/Borchardt, Knut: Die Industrielle Revolution in Deutschland, München 1972 (TB)
Deuerlein, Ernst: Gesellschaft im Maschinenzeitalter, Bilder aus der Deutschen Sozialgeschichte, Hamburg 1970 (TB)
Dinglers Polytechnisches Journal, o.O., 1800 ff.
Engels, Friedrich: Ausgewählte Schriften, 2 Bde, Berlin (Ost) 1968
Engels, Friedrich: Die Lage der arbeitenden Klasse in England, Berlin (Ost) 1972
Engels, Friedrich: Studienausgabe, 4 Bde, Hamburg 1973 (TB)
Die Frühsozialisten, hrsg. von Ernesto Grassi, Hamburg 1972 (TB)
Furtwängler, Franz-Josef: Die Gewerkschaften. Ihre Geschichte und Internationale Auswirkung, Hamburg 1956 (TB)
Gebhardt, Bruno: Handbuch der deutschen Geschichte, 4 Bde, Stuttgart 1963, hier Bd. 3
Goebel, Thomas: Friedrich Koenig und die Erfindung der Schnellpresse, Stuttgart 1906
Grebing, Helga: Geschichte der deutschen Arbeiterbewegung, München 1970 (TB)

Gröllich, Edmund: Die Baumwollweberei der sächsischen Oberlausitz und ihre Entwicklung zum Großbetrieb, o.O. 1911

Haussherr, Hans: Wirtschaftsgeschichte der Neuzeit, Köln 1960, [2]1970

Henning, Friedrich-Wilhelm: Die Industrialisierung in Deutschland, Paderborn 1973

Helbig, Ludwig: Politik im Aufriß, Ein Quellen- und Arbeitsbuch für die Sekundarstufe 1, 2 Bde, Frankfurt 1972

Hirsch, Helmut: August Bebel in Selbstzeugnissen und Bilddokumenten, Hamburg 1973 (TB)

Hobsbawm, Eric J.: Bd. 1: Industrie und Empire, Bd. 2: Britische Wirtschaftsgeschichte seit 1750, Frankfurt 1970 (TB)

Jursa, Oskar: Wirtschaft für alle, Wien 1969

Köllmann, Wolfgang: Die Industrielle Revolution, Quellen zur Sozialgeschichte Großbritanniens und Deutschlands im 19. Jahrhundert, Stuttgart 1971

Kuczynski, Jürgen: Die Geschichte der Lage der Arbeiter unter dem Kapitalismus, 3 Bde, Berlin (Ost) 1953 ff.

Kulischer, Josef: Allgemeine Wirtschaftsgeschichte des Mittelalters und der Neuzeit, 2 Bde, München 1971; hier Bd. 2: Die Neuzeit

Lassalle, Ferdinand: Arbeiterlesebuch und andere Studientexte, Reinbek bei Hamburg 1972 (TB)

Limmer, Hans: Die deutsche Gewerkschaftsbewegung, München 1966, [4]1971 (TB)

List, Friedrich: Schriften, Reden, Briefe. Im Auftrag der Friedrich-List-Gesellschaft hrsg. von E. von Beckerath, Berlin 1927 ff.

Ludwig, Karl-Heinz: Der Aufstieg der Technik im 19. Jahrhundert, Stuttgart 1971

Lütge, Friedrich: Deutsche Sozial- und Wirtschaftsgeschichte, Berlin 1952, [3]1966

Marx, Karl: Das Manifest der kommunistischen Partei, Berlin (Ost) 1955 ff.

Marx, Karl: Lohn, Preis und Profit, Berlin (Ost) 1972

Michel, Ernst: Sozialgeschichte der industriellen Arbeitswelt, Frankfurt 1947

Mickel, Wolfgang: Quellen zur Sozial- und Wirtschaftspolitik im 19. und 20. Jahrhundert, Frankfurt 1963

Pius XII., Die Soziallehre der Kirche, Nürnberg 1947

Proudhon, Pierre-Joseph: Bekenntnisse eines Revolutionärs, um zur Geschichte der Februarrevolution beizutragen, hrsg. von Gunter Hillmann, Hamburg 1969 (TB)

Rübbert, Rudolf: Geschichte der Industrialisierung. Wirtschaft und Gesellschaft auf dem Weg in unsere Zeit, München 1972

Schmölders, Günter: Konjunkturen und Krisen, Hamburg 1965 (TB)

Schnabel, Franz: Deutsche Geschichte im 19. Jahrhundert, 8 Bde, Freiburg 1965; hier Bd. 6: Die moderne Technik und die deutsche Industrie 1965 (TB)

Schraepler, Ernst: Quellen zur Geschichte der sozialen Frage in Deutschland, 2 Bde, Göttingen 1960 ff.

Seraphim, Peter-Heinz: Deutsche Wirtschafts- und Sozialgeschichte, Wiesbaden [2]1966

Smith, Adam: Untersuchungen über die Ursachen und Folgen des Wohlstands der Nationen, London 1776, deutsch von E. Grönewaldt, Jena 1923. Sammlung sozialwissenschaftlicher Meister, hrsg. von Hans Waentig, Bd. 11/12

Sombart, Werner: Die deutsche Volkswirtschaft im 19. und im Anfang des 20. Jahrhunderts, Berlin 1921

Sombart, Werner: Das Proletariat, Frankfurt 1906

Stolze, Dieter: Der Kapitalismus. Von Manchester bis Wallstreet, München 1969

Treue, Wilhelm: Wirtschaftsgeschichte der Neuzeit, Stuttgart 1962, [3]1973

Treue, Wilhelm/Pönicke, Herbert/Manegold, Karl-Heinz: Quellen zur Geschichte der Industriellen Revolution, Göttingen 1967

Zorn, Wolfgang: Einführung in die Wirtschafts- und Sozialgeschichte des Mittelalters und der Neuzeit, München 1972

Als problemorientierte Darstellung:

Industrielle Revolution. In: Neue Wissenschaftliche Bibliothek, Geschichte, hrsg. von Braun, Rudolf/Fischer, Wolfram/Großkreutz, Helmut/ Volkmann, Heinrich, Köln 1972

FACHWÖRTERVERZEICHNIS

Agrargesellschaft, eine überwiegend durch Landwirtschaft geprägte Gesellschaft mit geringer Arbeitsteilung und einem hohen Grad der Selbstversorgung.

Akkumulationstheorie, die von Karl Marx behauptete Gesetzmäßigkeit der kapitalistischen Entwicklung. Der den Arbeitern vom vollen Arbeitsertrag vorenthaltene Teil (Mehrwert) werde von den Kapitalisten in zusätzliches Kapital verwandelt. Dies führe zur Konzentration des Kapitals in den Händen weniger, zur Bildung einer industriellen Arbeitslosenarmee, Verelendung der Arbeiterklasse, schließlich zu Krise und Zusammenbruch der kapitalistischen Wirtschaft.

Allgemeiner Deutscher Arbeiterverein, 1863 von Ferdinand Lassalle gegründet; Beginn der deutschen Arbeiterbewegung und Keimzelle der deutschen Sozialdemokratie.

Arbeitsteilung, die Auflösung der Arbeitsleistung in einzelne Berufe und Erwerbszweige (gesellschaftliche Arbeitsteilung). Arbeitszerlegung ist die Auflösung eines Produktionsprozesses in mehrere Teilarbeiten (technische Arbeitsteilung), sie setzt meist die Zusammenfassung gleichartiger Arbeitvorgänge voraus (Arbeitsvereinigung). Vorteile der Arbeitsteilung: Steigerung der Produktivität; Nachteile, besonders der Arbeitszerlegung: Sinnentleerung der Arbeit.

Assoziation, genossenschaftlicher Zusammenschluß der Arbeiterschaft mit dem Ziel, genossenschaftliches und privates Eigentum zu bilden; wurde in Vorschlägen zur Neugestaltung der Gesellschaft von Kennern des sozialen Elends als eine Form der Selbsthilfe gefordert.

Bauernbefreiung, die persönliche und wirtschaftliche Lösung der Bauern aus allen herrschaftlichen Bindungen durch die Agrarreformen des 18./19. Jahrhunderts.

Bildungsverein, Zusammenschlüsse der Industriearbeiter auf lokaler Ebene, die unter Umgehung des Koalitions- und Versammlungsverbots oft als Bildungsverein getrant wurden.

Botschaft zur sozialen Frage, die am 17. November 1881 von Kaiser Wilhelm I. an den Reichstag gerichtete Ankündigung der geplanten Sozialgesetzgebung.

Chartismus, erste demokratisch-sozialistische Arbeiterbewegung in England; forderte in der Volks-Charta von 1838 das allgemeine, gleiche und geheime Wahlrecht sowie eine Parlaments- und Sozialreform.

Depression, im Ablauf der Konjunktur die Phase des wirtschaftlichen Tiefstandes, gekennzeichnet durch Sinken der Einkommen, Nachfrage und Preise und rasch steigende Arbeitslosigkeit.

Deutscher Zollverein, die 1833 geschlossene, am 1.1.1834 in Kraft getretene wirtschaftliche Einigung der meisten deutschen Länder unter Führung Preußens.

Ehernes Lohngesetz, von Ferdinand Lassalle geprägtes Schlagwort für David Ricardos Lohntheorie; besagt, daß der durchschnittliche Arbeitslohn stets auf die Kosten des Existenzmininimums beschränkt bleibt.

Existenzminimum, das zum Lebensunterhalt eines Menschen bzw. einer Familie unbedingt Notwendige an Gütern bzw. Einkommen; ist eine physisch nur in bezug auf Nahrung (physisches Existenzminimum), allgemein jedoch durch den wechselnden Kulturstand (kulturelles Existenzminimum) bestimmte Größe.

Fabrik, räumlich und organisatorisch zentralisierter Produktionsbetrieb; unterscheidet sich vom Handwerksbetrieb durch Umfang, Technisierung und Arbeitsteilung.

Gesellenvereine, Zusammenschlüsse junger Handwerker zur allgemeinen, beruflichen und religiösen Bildung und zur Geselligkeit. Von besonderer Bedeutung für das soziale Vereinswesen des 19. Jahrhunderts waren die Katholischen Gesellenvereine des Adolf Kolping, die 1862 bereits über 60 000 Mitglieder zählten. Kolping, ursprünglich Schuhmacher, später Priester, war kein Systematiker der Gesellschaftslehre, sondern ein Sozialreformer, der besonders den unverheirateten Handwerksburschen eine Heimstätte geben wollte. Ähnliche Ziele verfolgten die seit der Mitte des 19. Jahrhunderts gegründeten Evangelischen Gesellenvereine.

Gewerbefreiheit, ein Zustand, in dem der Staat möglichst wenig auf Zulassung und Ausübung gewerblicher Tätigkeit einwirkt. Bis ins 19. Jahrhundert hinein war das Betreiben eines Gewerbes von der Mitgliedschaft in einer Zunft oder von einer staatlichen Konzession abhängig.

Investitionen, alle betriebswirtschaftlichen Maßnahmen zur Erhaltung, Erweiterung und Verbesserung des Produktionsapparates, z.B. die Errichtung von Fabrikhallen.

Kapital, in der Volkswirtschaft neben Arbeit und Boden einer der drei Produktionsfaktoren: die Gesamtheit der produzierten Produktionsmittel bzw. die dafür zur Verfügung stehenden Geldmittel; in der Betriebswirtschaft alle in einem Unternehmen investierten Mittel.

Kapitalgesellschaften, Erwerbsgesellschaften, bei denen im Gegensatz zu den Personalgesellschaften die Gesellschafter nur mit ihrer Kapitaleinlage, dagegen nicht mit ihrem Privatvermögen haften.

Kartell, Zusammenschluß von rechtlich und weitgehend auch wirtschaftlich selbständig bleibenden Unternehmen der gleichen Produktionsstufe zur Marktbeeinflussung durch Beschränkung des Wettbewerbs. Ein Kartell mit zentralem Bezug und Vertrieb wird zum Syndikat. – Zu Kartellbildungen kam es in größerem Umfang erst nach 1880.

Klassenkampf, nach dem von Karl Marx entwickelten Historischen Materialismus die soziale Auseinandersetzung um Macht und wirtschaftliche Vorteile in allen bisherigen Gesellschaftssystemen, besonders im Kapitalismus; beruht auf der Vorstellung, daß die Interessengegensätze zwischen den gesellschaftlichen Gruppen unauflöslich sind, daß deshalb nur der Kampf bleibt mit dem Ziel der wirtschaftlichen Entmachtung der herrschenden durch die ausgebeutete Klasse.

Klassisches Lohngesetz, besagt, daß die Lohnhöhe durch Angebot und Nachfrage der Arbeitskräfte bestimmt wird; betrachtet also die menschliche Arbeitskraft unter dem Gesichtspunkt der Ware.

Koalitionsverbot, das Verbot für Arbeiter, zur gemeinsamen Vertretung ihrer sozialen und politischen Interessen Vereinigungen zu bilden.

Konjunktur, über mehrere (bisher meist 7–11) Jahre sich erstreckende, zyklisch wiederkehrende gesamtwirtschaftliche Schwankungen (Konjunkturzyklus). Konjunkturen im engeren Sinne gibt es seit Anfang des 19. Jahrhunderts. Sie weisen trotz mancher Besonderheiten eine sich stets gleichende Form des Ablaufs auf: Aufschwung (Nachfragesteigerung, Produktionsausweitung, Arbeitskräftemangel, steigende Preise) bis zur Hochkunjunktur; nach der Krise Abschwung (Überangebot, Nachlassen der Nachfrage, sinkende Preise, steigende Arbeitslosigkeit) bis zum Tiefstand (Depression).

Kontokorrentkredit, eine Form des Bankgeschäftes, bei der dem Kunden in laufender Rechnung ein kurzfristiger Kredit eingeräumt wird. Die beiderseitigen Forderungen und Verbindlichkeiten werden in regelmäßigen Zeitabschnitten durch Verrechnung und Feststellung des Überschusses (Saldo) ausgeausgeglichen.

Konzern, Vereinigung von rechtlich selbständig bleibenden Unternehmen unter einheitlicher wirtschaftlicher Leitung; eine der wichtigsten Formen der Unternehmenskonzentration.

laissez faire, laissez aller (passer), Grundsatz des wirtschaftlichen Liberalismus für freie unternehmerische Betätigung ohne staatliche Einmischung; ging von der Annahme aus, daß, wenn der Staat auf alle Eingriffe in den Ablauf und die Gestaltung der Wirtschaft verzichte, sich (vom Ergebnis der Produktion her gesehen) optimale Produktionsverhältnisse entwickeln könnten.

Lohnwerk, eine Frühform des Handwerks, bei der im Gegensatz zum Preiswerk der Handwerker nur die Arbeitsleistung stellt, das Material dagegen vom Auftraggeber erhält.

Lombardkredit, ein kurzfristiger Bankkredit gegen Verpfändung von beweglichen Sachen und Rechten, insbesondere von Wertpapieren, börsengängigen Waren und Edelmetallen.

Manchester – Liberalismus, nach einem 1838 in der Stadt Manchester zusammengetretenen Kreis liberaler englischer Politiker benannte wirtschaftspolitische Richtung, die für schrankenlosen Freihandel und Wettbewerb gegen jeden Staatseingriff eintrat.

Manufaktur, im 17./18. Jahrhundert arbeitsteiliger Großbetrieb mit herkömmlichen handwerklichen Techniken; löste das Verlagssystem nach und nach ab und hatte eine Aufspaltung der bisher selbstverständlichen Einheit von Heim und Werkstatt zur Folge.

Markt, das Zusammentreffen und der Ausgleich von Angebot und Nachfrage mit der daraus resultierenden Preisbildung in der Marktwirtschaft.

Mehrwert, in der auf der Grundlage der Arbeitswertlehre David Ricardos von Karl Marx entwickelten Mehrwertlehre der Teil des vom Arbeiter geschaffenen Wertes eines Erzeugnisses, der über den vom Unternehmer bezahlten Lohn hinausgeht und dem Unternehmer allein zufließt (Profit).

Merkantilismus, Bezeichnung für die dirigistische Wirtschaftspolitik der europäischen Staaten im 16.–18. Jahrhundert; bezweckte vor allem Hebung der produktiven Kräfte in Handel, Gewerbe und Verkehr, Vermehrung der Bevölkerung und Erzielung einer aktiven Handelsbilanz, woraus dem absolutistischen Staat die Mittel für Beamtenapparat und Heer zufließen sollten.

Monopol, die den Wettbewerb ausschließende Machtstellung eines Anbieters oder Nachfragers auf dem Markt für eine bestimmte Ware oder Warengattung; beruht entweder auf der alleinigen Verfügung über ein beschränktes natürliches Vorkommen, auf wirtschaftlichen Maßnahmen (Preisunterbietung) oder staatlicher Anordnung (z.B. Zündwaren-, Branntweinmonopol).

Pauperismus, eine besonders im 19. Jahrhundert gebräuchliche Bezeichnung für die Verelendung breiter städtischer und ländlicher Bevölkerungsschichten, die kaum oder nicht mehr das zur Fristung des Lebens unbedingt Notwendige haben.

Preiswerk, eine Form des Handwerks, bei der im Gegensatz zum Lohnwerk der Handwerker das Material selbst stellt und in eigener Werkstatt verarbeitet.

Produktivität, die Ergiebigkeit der Produktionsfaktoren, das Verhältnis vom Produktionsertrag zum eingesetzten Aufwand.

Profit, allgemein der Gewinn; in der klassischen Nationalökonomie Begriff für Zinsen aus Eigenkapital, für Unternehmerlohn und Unternehmergewinn; in der marxistischen Theorie/Mehrwert.

Proletariat, von Karl Marx eingeführter Begriff zur Kennzeichnung der Klasse der vom Eigentum an den Produktionsmitteln ausgeschlossenen Arbeiter, die im Kampf gegen den Kapitalismus die führende Schicht zur Erreichung der klassenlosen Gesellschaft sein sollen.

Reinvestition, Investitionen zum Ersatz der durch den Produktionsprozeß verbrauchten Produktionsmittel.

Rerum novarum, Sozialenzyklika Papst Leos XIII. von 1891 über die Arbeiterfrage; verlangt u.a. Eigentumsbildung in Arbeiterhand; empfiehlt zur Lösung der sozialen Frage eine staatliche Sozialpolitik und die Selbsthilfe der Arbeiterschaft;

verurteilt den Klassenkampf. Rerum novarum wurde zur Grundlage katholischer Sozialpolitik.

Selbstfinanzierung, Kapitalbeschaffung eines Unternehmens durch Einbehaltung von Gewinnen; führt zur Unabhängigkeit vom Kapitalmarkt.

Sozialgesetzgebung Bismarcks, entstand aus dem Bemühen, die Arbeiterschaft für den Staat zu gewinnen. Der Staat fühlte sich jetzt verpflichtet, auch von sich aus Maßnahmen zur Lösung der sozialen Frage zu ergreifen und im eigenen Interesse eine Fürsorge für die wirtschaftlich schwächeren Volksschichten aufzubauen. Im Rahmen der Bismarckschen Sozialreform wurde 1883 das Gesetz über die Krankenversicherung, 1884 das Gesetz über die Unfallversicherung und 1889 des Alters- und Invalidenversicherungsgesetz erlassen.

Syndikat, straffste Form des Kartells mit eigener Rechtsform und eigenem Verwaltungsapparat (gemeinsame Verkaufs-, Verrechnungs- oder Überwachungsstelle).

Technologie, im 18./19. Jahrhundert die Lehre von der Entwicklung der Technik und den damit verbundenen wirtschaftlichen und sozialen Fragen.

Trade Unions, Bezeichnung für die englischen Gewerkschaften.

Trucksystem, Entlohnungsmethode, bei der der Arbeitnehmer mit (in der Regel vom Unternehmer hergestellten) Waren statt mit Barlohn bezahlt wird.

Trust, die weitestgehende Form des Unternehmenszusammenschlusses, bei dem die beteiligten Unternehmen ihre Selbständigkeit völlig verlieren. Ziel ist eine marktbeherrschende Stellung nach außen und rationelle Unternehmensführung nach innen.

Überbevölkerung, Zustand im Sozialprozeß, bei dem aus einem Mißverhältnis zwischen Nahrungsspielraum und Bevölkerungszahl ein Überangebot arbeitsfähiger Menschen bei unzureichender Beschäftigungs- und Ernährungsmöglichkeit besteht. – Thomas Robert Malthus, Vertreter einer pessimistischen Bevölkerungslehre, sah in der Verelendung der Massen ein Naturgesetz, da die Bevölkerung in geometrischer, der Bodenertrag dagegen nur in arithmetischer Reihe wachse.

utopischer Sozialismus, Bezeichnung für verschiedene Spielarten des vormarxistischen Sozialismus mit utopischen Anschauungen. Ausgehend von der aufklärerischen Idee der Weltverbesserung, erstrebten seine Vertreter eine neue Gesellschaft auf der Grundlage der Gleichheit und der Gemeinsamkeit der Güter und glaubten ihre sozialen Ideale durch die Macht der Überzeugung, besonders durch Appelle an Einsicht und Gewissen der Besitzenden, verwirklichen zu können. Einzelne warben aber auch für eine kommunistische Ordnung, die, wenn notwendig, mit Gewalt durchzusetzen sei.

Verelendung, nach Karl Marx eine Auswirkung des kapitalistischen Systems: die fortschreitende Ersetzung menschlicher Arbeitskraft durch Maschinen führt zu wachsender Arbeitslosigkeit, zur Bildung einer „industriellen Reservearmee" und Lohndruck und damit zu einer zunehmenden Verelendung der Massen.

Verlag, seit dem ausgehenden Mittelalter ein dezentralisierter Produktionsbetrieb, bei dem ein Unternehmer (Verleger) abhängigen Heimarbeitern das von ihnen zu verarbeitende Material stellte und den Absatz der Erzeugnisse organisierte.

Wirtschaftsbanken, im 19. Jahrhundert aufkommende Banken neuen Typs, die vor allem als Gründungs- und Finanzierungsunternehmen tätig wurden.